혁신 리더의
6가지 전략

시나리오로 읽는 변화 경영 매뉴얼

혁신 리더의 6가지 전략

| 김승기 지음 |

을유문화사

프롤로그

혁신은 어렵고도 힘든 과정이다. 그러나 혁신이 아니고서는 현재의 경쟁력을 단기에 급격히 상승시킬 방법이 없다. 혁신하지 않는 기업은 경쟁에서 조금씩 뒤처질 수밖에 없고 결국 순위에서 밀려나게 된다. 지금 당장 망하지 않더라도 점점 뒤처지고, 어느 순간 밀려 있는 순위가 당연한 것이 된다. 그리고 선두 기업을 따라가고 있는 현실을 바라보게 되는 것이다. 현 경쟁력을 향상시키거나 유지시키려면 지속적으로 전략적 목표를 가지고 혁신해 나가야 한다.

혁신을 하기 위해서는 열심히 하는 것보다 더 중요한 요소가 있다. 전략적 초점에 맞추어 목표를 효과적으로 잘 수행하는 것이다. 어떤 일을 효과적으로 잘 수행한다는 것은 어려운 일이다. 혁신을 열심히 하는 기업은 많으나 잘하는 기업, 올바로 하는 기업은 많지 않다.

여러 경영 혁신 현장에서 변화 관리라는 주제로 십수 년을 고민해 오고 있지만 혁신 리더십을 갖추어 가면서 임직원을 동참시키는 모

범적인 혁신을 찾아보기는 쉽지 않았다. 오히려 "이것은 아닌데" 하는 부분이 더 많이 느껴졌다. 아직 배우고 고민해야 할 것들이 많지만 지금까지 혁신 프로젝트를 경험하며 느껴 왔던 혁신의 기본적인 원칙에 대해 변화 관리 측면에서 의미 있는 경험들을 나누고자 펜을 들었다.

많은 사람들이 변화와 혁신의 중요성을 이야기하지만 가장 중요한 부분은 혁신에 참여하는 조직 구성원이다. 혁신을 통해 남는 것이 전략적 방향이나 선진 업무 프로세스 혹은 선진 업무 프로세스를 지원하는 정보 시스템 등이라고 생각할 수 있으나 정작 중요한 것은 이들을 운영하여 효과를 내야 할 조직적 역량이고 구성원이다. 인프라를 올바로 활용할 수 없는 조직은 아무리 좋은 조건을 가진다 해도 제대로 성과를 낼 수 없다. 혁신은 역량 인프라에 대한 투자를 통해 새로운 경쟁력 변화를 추구하는 전략적 판단이다. 새로운 변화를 이용해 조직 구성원이 새로운 환경에 적응하고, 적극적으로 변화된 방법을 써서 전략적 성과를 얻어 내는 과정이 성공하는 혁신이다. 새로운 변화는 하나의 베팅이고 투자이고 전략적 판단이다.

혁신에는 조직 내 많은 자원이 투입되기에 고민에 고민을 더해야 하고, 결정에는 베팅을 하는 용기가 필요하다. 그러나 현실에서는 안타깝게도 혁신의 올바른 방향을 역행하여 시행착오를 반복하는, 겉치레 소리만 요란한 깡통 혁신이 너무도 많다.

혁신에 실패하면 그동안 들인 노력과 투자 비용을 다 날릴 뿐 아니라 조직이 겪는 시행착오 비용 또한 막대하다. 그러나 이러한 위험 때문인지 위험한 만큼 사람들은 편한 길, 안전한 길을 선택하고 투자 비용을 낭비하게 된다. 아무 일 없었던 일로 돌아가려 하는 것이다. 일부 조직의 리더들은 위험을 회피하는 것이 오히려 안전한 길이라고 부지불식간 생각하는지도 모른다. 그러기에 그토록 많은 조직적 자원을 투자하고서 겉모습만 바꾸는 깡통 혁신을 추구하는지 모른다.

알맹이 없는 껍데기라 생각되는 경영 혁신에 대해서는 그간의 경험에 비추어 픽션 형식으로 설명하였다. 혁신 역시 여전히 비즈니스적 베팅이 필요하다는 것을 깨달았기에 베팅이라는 단어로 글을 시작하게 되었다. 이 책은 경영 혁신 현장에서 경험할 수 있는 일반적인 상황 속에서 겉치레의 깡통이냐 비즈니스적 베팅이냐를 선택하는 결단을 요구하는 내용으로 이루어져 있다. 픽션에 가까운 면도 있지만 공감할 수 있는 내용으로 꾸미려 노력했다. 깡통 소리가 아닌 과감한 베팅 결단을 강조하려 하였고 깡통의 유혹을 극복하는 방안에 대해 설명해 보려 노력했다.

여기 언급되는 내용들은 그간의 경험을 바탕으로 하지만 어느 일개 기업의 상황을 설명하는 것은 아니다. 어디까지나 복합적인 요소를 이야기로 표현한 것이므로 특정 회사의 사례가 아님을 밝혀 둔다. 어느 부분에서는 개념을 명확히 하기 위해 과장되어 표현한 점도 있음을 밝힌다. 다만 여기서 혁신하는 리더들이 혁신의 속성과 베팅의 의미를 알고, 자신 스스로의 노력과 각오 그리고 중요한 핵심 이해 관계자들을 어떻게 관리해 나갈까에 대한 아이디어를 얻었으면 하는 바람이다.

이 책의 내용은 혁신을 산행에 비유하여 여섯 가지 단계로 구성되었다. 첫째, 혁신 리더가 스스로 혁신의 방향에 대한 자기 확신을 찾아가는 과정. 둘째, 혁신 프로젝트 팀의 구성. 셋째, 혁신 프로젝트 팀의 수행 역량 확보. 넷째, 임원진의 리더십 정립. 다섯째, 일반 임직원의 동참. 여섯째, 이 모든 과정이 조직적인 혁신에 대한 학습 경험으로 조직 내부에 체화되는 과정. 그리고 마지막으로 변화 관리의 어려움과 핵심 내용들을 기술하였다.

이 책이 나오기까지 여러 프로젝트의 많은 선후배 컨설턴트들의 도움이 컸다. 특히 액센츄어의 이원준 총괄 대표님께서는 변화 관리에 대한 지속적 관심으로 지원해 주셨고 최종연 전무님은 경력에 대한 조언을 통해 지속적으로 성장하도록 지지해 주셨다. 아울러 책의 전반 흐름에 대한 의견을 전해 준 최영만 상무님과 전체를 꼼꼼히 읽어 가며 수정해 준 백승욱 부장에게도 감사의 말씀을 전한다. 또 오랫동안 변화 관리 업무로 교감을 나눈 이노HR의 김우석 부사장님과 이 책이 나오기까지 애써 주신 을유문화사 권오상 편집부장님께도 감사의 말씀을 드린다.

혁신 리더십 마운틴(ILM) 모델 소개

혁신 리더십 마운틴(Innovation Leadership Mountain, 이하 ILM) 모델은 혁신 프로젝트를 추진하는 과정에서 혁신 최고 경영자가 얼마나 많은 산고의 고통을 겪으면서 혁신을 추진해야 하는지를 이해 당사자별로 여러 봉우리를 정복하는 등산에 빗대어 설명한 모델이다.

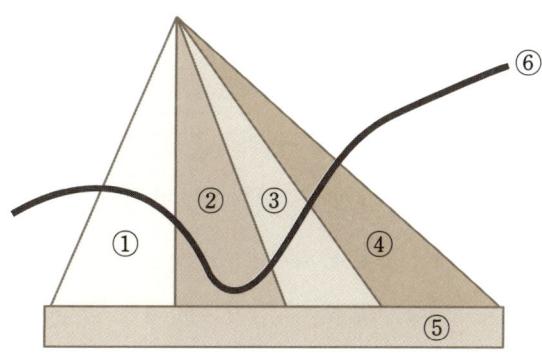

혁신 리더십 마운틴 모델

①첫째 등산은 자신과의 싸움에서 혁신의 성공 가능성을 확신하기까지의 과정이다. 변화의 핵심은 먼저 문제의 근원을 찾는 데 있다. 무엇이 변화를 성공으로 이끌 수 있는가의 핵심 원인을 파악하고 이에 대한 확신을 가질 필요가 있으며 혁신을 이끄는 리더가 확신을 가질 때 추진력을 가지게 된다.

②둘째 등산은 프로젝트 팀이 발족하여 실행 조직을 얻는 과정이다. 기존 조직은 주어진 역할이 있기 때문에 혁신이 부수적인 과제라는 한계를 가진다. 별동 부대를 조직하여 중추적 역할을 맡기고 실천하도록 해야 한다.

③셋째 등산은 지원 리더십을 세우는 과정이다. 혁신 조직이 생겨났다고 해서 모든 것이 해결되는 것은 아니다. 여전히 지방 호족과 같은 임원들의 역할은 혁신 리더에게 장애가 될 수도 있고 또 우군이 될 수도 있는 것이다. 새로운 혁신은 새로운 조직적 규칙을 만들고 파워를 만들어 내며 새로운 리더십으로 인해 기존 리더십 체계가 바뀔 가능성이 많다. 리더십 확보는 혁신 성공의 가장 중요한 핵심이다.

④넷째 등산은 일반 임직원을 대상으로 변화를 독려하는 과정이다. 혁신의 주도적 조직이 있고 리더십을 얻었다면 이제는 대다수 구성원의 지지를 얻어 내야 한다. 실행 조직은 일반 임직원의 변화 노력에 달려 있기 때문이다. 변화가 더디다고 하더라도 조직원이 움직여야 성공할 수 있다. 임직원이 참여하지 않는 혁신은 조직이 성공 경험을 체험하지 못한, 진정한 성공이라 할 수 없는 경우가 많다.

⑤ 다섯째, 혁신을 성공시키기 위해서는 무엇보다 실행 역량을 강

화할 필요가 있다. 그것은 조직 체계나 인사 체계의 변화일 수도 있고 정보 시스템과 업무 프로세스의 변화일 수도 있다. 실행 역량을 강화하기 위해서는 여러 산행의 과정에서 실행 역량을 갖추기 위한 도구를 단계적으로 만들어 나가야 한다.

⑥ 마지막으로 중요한 것은 이러한 혁신의 과정을 성공적으로 경험한 조직적 체험이다. 이러한 체험은 어려움을 극복하는 소중한 경험들을 조직에 학습시키고 추후 혁신의 발판이 된다.

이 책은 이러한 험난한 과정을 네 가지 산행, 혁신 도구의 개발, 조직 혁신에 대한 체험이라는 여섯 개 영역으로 정리하였고, 마지막으로 부록에서 이러한 개념의 토대가 되는 변화 관리의 개념과 실무 내용을 정리하였다.

리더십 마운틴 모델에 따르면 혁신은 단번에 되는 것이 아니고 여러 어려움을 극복하고 나서야 비로소 성과를 얻을 수 있는 어려운 과정이다. 그러나 '혁신'이라는 산을 타는 방식과 즐거움을 알 수 있다면, 혁신은 해볼 만한 가치가 있고 또 즐거움도 얻을 수 있는 과정이 틀림없다.

이제 혁신 리더십 마운틴 모델을 통해 혁신의 산행을 시작해 보자. 틀림없이 산행 중에 떠오르는 태양을 발견하는 기쁨을 누릴 수 있을 것이며, 산행을 통해 닦은 행적은 소중한 기억과 보람이 될 것이고 회사의 핵심 자산이 될 것이다.

CONTENTS

프롤로그 5
혁신 리더십 마운틴(ILM) 모델 소개 9

1장 용기 있는 리더의 혁신 준비

1. 깡통 혁신의 자연스러움 _깡통 시나리오의 경우 19
2. 혁신 베팅의 자기 고민 _베팅 시나리오의 경우 22
3. 마그마식 자기 혁신 리더십 27
4. 무엇부터 바꿔야 하나? 32
5. 핵심 이슈는 기본과 연관되어 있다 38
6. 혁신하는 리더의 용기와 자기 관리 43
7. 한 번은 확인해 보아야 한다 47
8. 혁신이란 자동으로 되는 것이 하나도 없다 50
9. 발전소의 전압이 내려가는 것은 당연하다 53

2장 혁신을 담당할 친위군을 구성하라

1. 어느 직원의 고백1 _깡통 시나리오의 경우 59
2. 어느 직원의 고백2 _베팅 시나리오의 경우 63
3. 혁명 장군의 조건 66
4. 혁신 군사 차출의 어려움 69
5. 혁신 조직이 상한이다 74
6. 혁신에 대한 비전과 보상 78
7. 그들도 끊임없이 무장해야 한다 83
8. 혁명군 파트너십 88

9. 혁신의 핵심은 이슈에 대한 의사 결정이다　92
　　10. 혁신 프로젝트의 결과는 사람이다　95
　　11. 혁명군의 이력 관리　100

3장 리더십을 복제하고 조직을 장악하라

　　1. 깡통 리더십 상황_깡통 시나리오의 경우　107
　　2. 리더십 복제의 베팅_베팅 시나리오의 경우　110
　　3. 혁신을 위한 리더십은 확보되었나?　114
　　4. 리더십은 복제되어야 한다　117
　　5. 1퍼센트의 리더십과 부적절한 팔로우십　121
　　6. 리더십의 진화 스폰서십　124
　　7. 활동은 평가와 연계되어야 한다　128
　　8. 조직적으로 접근한다　131
　　9. 때론 정치도 활용하라　135
　　10. 불씨를 발견하고 지원하라　138
　　11. 피드백을 통한 경쟁 유도　142
　　12. 변화의 진도를 보여 줄 기회를 제공하고 우수 인력을 발탁하라　145

4장 조직을 향한 선전포고

　　1. 깡통 커뮤니케이션_깡통 시나리오의 경우　151
　　2. 조직을 향한 선전포고_베팅 시나리오의 경우　153
　　3. 이벤트는 의지를 담은 메시지여야 한다　156
　　4. 변화 메시지 이후 변화 프로그램으로 성과 거두기　159

CONTENTS

5. 변화를 위한 힘 있는 독려 162
6. 혁신 마케팅의 중요성 165

5장 변화의 힘을 길러야 승리할 수 있다

1. 힘을 기르지 않고는 이길 수 없다 _깡통 시나리오의 경우 171
2. 변화의 역량을 길러야 승리할 수 있다 _베팅 시나리오의 경우 174
3. 변화를 성공시킬 핵심 역량을 습득하라 177
4. 이순신 장군의 수군 연습 181
5. 현황 문제점 공감의 중요성 185
6. 미래 설계 공유 및 의사 결정 참여 188
7. 혁신 실행 조직의 구축과 역량 전수 192
8. 실행을 위한 역량 개발 195
9. 변화를 위한 호손 효과 198
10. 미래를 위한 기획 201
11. 체인지 인프라 204

6장 중요한 것은 조직적 학습이다

1. 보이기 위한 프로젝트 _깡통 시나리오의 경우 209
2. 조직적 성공 체험을 중시하는 혁신 _베팅 시나리오의 경우 212
3. 도미노 게임과 프로젝트 범위 216
4. 혁신의 가장 중요한 점은 성공이 아니라 오히려 성공 체험 그 자체이다 220
5. 전략은 중요한 것들의 집합이 아니라 선택을 위한 포기 그리고 집중을 통한 성과이다 223

6. 목표는 100퍼센트가 아닌 70퍼센트여야 빨리 갈 수 있다 227
7. 욕심이 깡통을 만들고 깡통이 쌓이면 내성만 키운다 230
8. 혁신의 자세 233

부록 변화 관리 전략 전술

1. 변화 관리란? 239
2. 변화 관리 개념 정립과 임원 인터뷰 247
3. 변화 관리의 마스터플랜과 조정 251
4. 변화 준비도·진척도 조사 255
5. 혁신 마케팅 효과 260
6. 이해 관계자 설득을 위한 커뮤니케이션 계획 265
7. 혁신을 위한 혁신 프로젝트 관리 268
8. 혁신과 인사의 역할 272
9. 변화 관리의 전술적 활용 277

에필로그 281

1

용기 있는 리더의
혁신 준비

INNOVATION LEADER

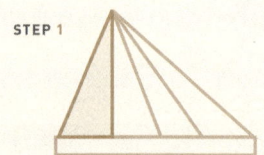

첫 번째 산행
리더가 태양과 같은 핵심 원인을 발견한다.

홀로 가파른 산을 올라야 한다. 그리고 구원의 빛을 발견해야 한다.
빛을 보기 전까지는 섣부른 판단을 해서는 안 된다.
혁신 리더의 자기 확신은 혁신 과정의 등불이다.

01
깡통 혁신의 자연스러움

깡통 시나리오의 경우

경기가 갑자기 나빠졌다. 내 책임이 아니지만 사장으로서 부담스러운 것이 사실이다. 뭔가 돌파구를 찾아야 할 것 같다. 혁신을 해야 할까? 우선 조직 개편부터 해서 조직을 추슬러야겠다. 누군가 혁신을 담당해 주었으면 좋겠는데 적당한 사람이 나타나지 않는다. 위험을 감당하려는 사람이 아무도 없다. 믿을 놈 하나도 없다는 생각이 들지만 사장인 내가 직접 할 수는 없는 일 아닌가?

마침 좌천되었던 김 부장이 혁신을 하겠다고 찾아왔다. 내키지는 않지만 그래도 자신의 직업 인생을 걸고 해 보겠다고 하니, 한번 믿어 보아야 할 것 같다. 대안이 없지 않은가? 못미더워 최 차장을 혁신 프로젝트 팀에 넣으려 생각하고 있다. 아까운 인재이긴 하지만 혁신도 중요하니 보좌 겸 감독자로 최 차장을 프로젝트에 투입시켜야겠다.

임원들에게는 혁신을 추진하니 많이 도와 달라고 이야기는 했지만 말뿐이지 정말 도와줄지 걱정이다. 자세한 것은 이야기하지 않고, 무언가 문제가 있는 것 같은데 우선 혁신을 시작해야겠다고 우격다짐하듯 말해 두었다.

위험 관리는 최 차장이 잘해 줄 것이라 믿고, 김 부장이 자기 직업 인생을 건다니 잘하겠거니 하는 생각에 혁신 프로젝트에 투자를 승인했다. 보고를 꼬박꼬박 잘 받고 지켜보면 그럭저럭 진행되지 않겠나 생각한다. 투자 금액이 적지 않지만 사장이 할 수 있는 일이 뭐가 있겠는가? 프로젝트 팀이 알아서 잘하리라 기대한다.

경영 환경이 너무 나빠져서 걱정이 태산이다. 운 좋게 뭔가 혁신으로 건져 주었으면 좋겠다고 기대해 보지만 혁신 성과를 기대하기엔 아직 확신이 없다. 가끔 격려 차원에서 프로젝트 팀을 찾아야겠다고 생각은 하지만 워낙 바빠서 갈 시간이 있을지 모르겠다. 워크숍이 있다고 하니 그때 보고나 받아 봐야겠다.

컨설턴트들이 질문을 보내 왔는데 화가 난다. 늘 내가 묻고 싶은 질문을 역으로 나에게 해 대는 이들을 도저히 이해할 수가 없다. 그 질문의 요지란 대개 전략적 판단이니 방향이니 하는 것들인데, 내가 그런 일들을 하라고 비싼 돈 주고 자기들을 부른 것 아닌가? 그런데 매번 나에게 물어본다. 비서실 시켜 그럴듯한 답변을 만들라 지시하기는 했지만 기분이 나쁘다. 그들은 왜 비싸기만 하고 나에게 도움은 되지 않을까? 보고서를 잘 만들기는 하지만 그것만 가지고는 너무 비싸다는 생각을 지울 수 없다. 보험 드는 셈치고 맡기긴 했는데 만족스럽지는 않다.

요즘 혁신은 뭐가 그렇게 복잡한지, 보고 때마다 약어가 많아서 뭐가 뭔지 잘 모르겠고 최 차장 통해서 보고를 따로 받아야겠다. 분기별 사장 말씀에 혁신을 강조하라 하는데, 사실 별로 할 말이 없다. 구체적으로 이야기하기에는 지식도 부족하다. 임원들도 매출에 정신이 없고 나도 혁신만을 독려하기엔 부담스럽다. 혁신 팀에서 알아서 잘하겠지만 보고 때마다 들어도 무슨 소리인지 도무지 모르겠다. 잠깐 관심을 끊었더니 이제 쫓아갈 수 없는 처지가 되었다. 알아서 잘해 주기를 바랄 뿐이다.

잘되면 좋겠지만 잘못되면 책임질 대상이 필요할 것 같다. 최 차장에게 물어봐서 김 부장이 요즘 일을 열심히 하는지, 컨설턴트들은 어떤지 물어봐야겠다.

깡통의 조짐   INNOVATION TIP!!

1. 혁신 성공에 대한 확신이 없는 상태에서 출발했다.
2. 혁신의 본질에 대하여 정확히 알지 못한다.
3. 혁신이 최우선 순위가 아니다.
4. 역량이 부족한 인력에게 충성심만 믿고 혁신을 맡긴다.
5. 임원들의 입장을 고려하여 강권하지 않는다.
6. 혁신 활동 참여에 적극적이지 않다.
7. 혁신의 내용에 대해 감각을 잃고 있다.
8. 책임질 사람을 찾는다.

02
혁신 베팅의 자기 고민
베팅 시나리오의 경우

박 상무는 새로운 회사의 사장으로 발탁되어 스카웃되었다. 비록 작은 회사였지만 창업자의 비즈니스에 대한 올바른 가치관과 인재 중심의 마인드가 박 상무를 움직이게 하였다.

그러나 박 상무는 스카웃된 회사의 업에 대해서 잘 알지 못했다. 그러나 그에게도 최고 경영자가 되고자 하는 꿈이 있었기에 베팅을 해야 한다고 생각하고 결단을 했다고 했다. 지인은 그에게 "자신에게 100퍼센트 맞는 일은 찾아오지 않는다. 원하는 일의 70퍼센트만 맞다면 기회"라 했다. 과거 계속해서 최고 경영자의 역할을 기대하고 있었기에 기회가 찾아왔을 때 박 상무는 과감한 결단을 했다. 그리고 혁신을 준비하기 위해 6개월의 시간을 분석에 매달렸다. 업을 이해할 필요가 있었다. 혁신을 위한 핵심 테마를 찾기 위해 노력했다.

회사에 취임하면서 업을 이해하기 위해 부단한 노력을 했지만 초기 기존 임원들과 갈등이 있었다. 임원진은 비전문가를 보는 눈초리로 사사건건 박 사장을 불신하는 눈치였다. 그러나 최고 경영자로서의 리더십을 보여 주어야 한다고 굳게 다짐하며 혁신을 통해 성공적 리더십을 확립하겠다고 마음을 다잡곤 했다. 업에 대한 개념을 어느 정도 이해하기 시작하면서 박 사장은 이전 회사에서 가졌던 혁신 리더십 경험을 바탕으로 이 회사도 분명 지속적인 성장이 가능한 회사로 만들 수 있다는 확신을 가지기 시작했다.

그동안 핵심 임직원을 찾아가기를 주저하지 않았다. 업을 이해하고 핵심을 찾기 위한 연구를 지속하였다. 사원들과 직접 대면해 물어보았고 회사의 핵심 인력들의 속마음을 알기 위해 노력했다. 임원들이 관행이라고 이야기하는, 그러나 원칙에서 벗어나 있는 일들의 근본 원인을 파헤치기 위해 노력했다. 조직은 좀 술렁이는 분위기였다. 사장이 직접 찾아가고 메일을 보내는 것에 당혹스러워했고 이전에는 없던 일이라 어찌 처신해야 할지 몰라 했다. 변화를 위해 사장부터 직접 뛰어야 한다는 박 사장의 생각은 임원진을 긴장시키기에 충분했다.

회사의 문제점을 찾는 과정에선 지인들의 도움을 받았다. 잘 아는 회계사와 컨설턴트 등을 동원하여 의견도 나누고 전문가적 식견도 얻었다. 모든 문제의 답을 그들에게서 얻고자 하기보다는 타사의 경험을 통한 통찰력을 얻고자 했다. 충분하지는 않았지만 나름의 해답에 대한 힌트를 얻을 수 있어서 기뻤다. 또한 스스로 혁신하지 않으면 내가 이 조직에서 기여할 가치가 없다는 생각에, 편하지만 비효율적 요소들을 스스로 변화시키고자 노력했다. 시간이 많지 않았지만 6개월 동안 찾지 못한다면 6년이 걸려도 찾지 못할 것이라는 생각을 가지고 고민에 고민을 더해 갔다.

박 사장은 스스로를 독려하곤 했는데 그것은 변화하려는 자에게 길이 열린다는 신념 때문이었다. 끊임없이 찾고 찾으면 주변 사람들도 변화시킬 수 있고, 그리고 리더십을 만들어 내면 조직도 변화한다는 확신이 있었다. 그리고 조직이 변화하면 회사는 살아 성장한다는 믿음도 있었다.

업의 본질을 찾는 일은 쉽지만은 않았다. 무엇부터 바꾸어야 하나, 어디에 핵심 문제가 있는가를 되짚고 되짚어 보았다. 항상 검증하는 패턴은 동일했다. 비효율과 기회를 찾는 일이었다. 어디에서 불필요한 비효율이 발생하고 있고 어디에 기회가 있느냐였다. 비효율을 줄이는 것과 동시에 기회를 찾는 일은 박 사장의 주된 업무 초점이었다.

핵심 이슈를 발견하면 이를 검증하기 위해 여러 사람과 미팅을 마다하지 않았고 집요하게 파고들었다. 마라톤 같은 회의에 사람들은 지치고 고단한 모습도 보였지만, 마치 감추어 둔 보석을 찾는 기쁨으로 인식하고 문제점을 발견해 나갔다.

그러던 중에 조직의 핵심 인력들이 눈에 들어오기 시작했다. 누가 핵심을 알고 있고 누가 논리적으로 핵심을 설명하는지 알게 되었다. 핵심 인력들은 조직의 직급과는 달랐다. 다행히 참모급 인력들이 조직의 많은 문제점과 해답을 가지고 있었다. 허심탄회하게 이야기를 시작하면서 차츰 내 인력이라고 생각되는 인력들을 찾아가기 시작했다. 조직 내에서도 새로운 힘의 조정에 술렁이는 것이 느껴지기도 했지만 개의치 않았다. 중요한 것은 새로운 기회를 찾는 일이었다.

비효율적 요소를 찾아 개선해 가는 과정은 쉽지만은 않았다. 기존 임원들은 박 사장이 현실을 모르는 비전문가이기에 그렇게 생각할 수밖에 없다면서, 현실을 이해해 달라는 식으로 대응했다. 어떤 경우엔 아예 드러내 놓고 거부하기까지 했다. 박 사장의 논리로는 이해할 수 없는 구조적 문제점들이 나타나기 시작했다. 부수어 버려야 한다는 생각과 더불어 자신이 정말 잘 이해했는가를 되짚고 또 되짚었다. 실패한다면 고집불통의 무능력자가 될 판이었다.

박 사장은 자신이 가는 방향성에 대한 동감부터 얻으려 했다. 방향이 올바르다면 따를 수 있을 것이라 생각했다. 그러나 그들은 달랐다. 오로지 당사자들만의 입지가 중요한 듯했다. 방향성은 동감하나 현실은 다르기에 동조할 수 없다고 했다.

어떤 지시를 내리면 자존심이 상할 정도로 이야기를 반복해야 약간의 진전이 있었다. 정말 하나부터 열까지 관여하지 않으면 진척되는 것이 없었다. 하지만 독려하지 않을 수 없었다. 끓어오르는 어떤 힘이 박 사장을 계속 지지해 주고 있었다. 오기도 생겼지만, 잘해야겠다는 당초의 생각에는 변함이 없었다. 뭔가 새로운 돌파구가 필요했다.

이런 과정을 겪으면서 차츰 그들이 이해되기 시작했다. 그러나 이해한다고 해서 이 변화를 멈출 일은 아니었다. 멈춘다는 것은 곧 퇴보를 의미하고 동반 추락을 의미한다고 스스로를 채찍질하였다. 하지만 답답함만은 지워지지 않았다. 왜 그럴까? 정말 조직은 자기 맘 같지 않다는 생각이 들었다. 더군다나 변화하지 않는 임원 한 사람이 담당 조직에 영향을 미치고 있음을 알고는 결단이 필요하다는 생각까지 하게 되었다.

베팅의 의지   INNOVATION TIP!!

1. 혁신만이 살길이라는 생각으로 최고 경영자가 직접 주도한다.
2. 스스로 확신을 가지기까지 묻기를 주저하지 않는다.
3. 사람들의 상황을 고려하지 말고 비효율과 기회를 찾아 나선다.
4. 스스로 동기 부여한다.
5. 지속적으로 공감시키려 노력하고 리더십을 확보할 방안을 탐구한다.
6. 혁신의 세부적인 것까지 직접 챙기고 관리한다.

03 마그마식 자기 혁신 리더십

혁신에 몸이 달아 있는 리더가 있고 혁신이라 하면 움추러드는 리더가 있다. 혁신을 해야 하긴 하지만 남에게 맡겨 놓는 리더가 있고 혁신이라면 몸소 참여하는 리더가 있다.

혁신이라고 하면 모두들 당연히 최고 경영자의 관심과 핵심 업무 영역이라 생각하지만 모두가 그런 것은 아니다. 왜냐하면 혁신이란 주제가 업의 개념과 전략적 핵심을 꿰뚫어야 할 뿐 아니라 조직적 거부를 극복할 자신감과 혁신에 대한 사명감을 가지고 있어야 하기 때문이다. 그리고 무엇보다 힘든 것은 실패 위험이 높기 때문이다.

혁신 작업은 성공도가 매우 낮은 작업이다. 그래서 대체적으로 형식만 갖춘 깡통처럼 소리만 요란한 혁신을 추진하기 쉽다. 겉모습은 그럴 듯하지만 소리만 요란할 뿐 알맹이 없는 깡통과 같은 혁신이 되고 또 이러한 혁신은 다음 혁신에 대한 또 다른 내성만 키우는 작업이 되는 경우도 많다.

혁신의 내성

혁신을 추진하기 위해 임직원을 인터뷰하다 보면 많은 부분 경직된 사고를 하고 있음을 발견하게 된다. 즉, 혁신에 대해 이미 내성이 생긴 임직원이 많다는 것을 발견하게 된다. 모두들 아는 일이지만 리더십이 부족하여 성공할 수 없다는 말들이 많은 이유는 대부분 이 때문이다.

이러한 조직적 어려움은 기존의 혁신이 잘못 만들어 낸 내성이다. 약이 듣지 않는 내성처럼 혁신의 강도가 높지 않으면 움직이지 않으려는 조직적 혁신에 대한 내성 때문에 혁신 추진에 어려움을 많이 겪게 된다.

리더십 없는 혁신에 대해 조직원은 이전의 경험에 비추어 크게 효과가 없을 것이라고 불신하게 된다. 기존 혁신과 무엇이 다르냐가 중요한 것이 아니라 누가 혁신을 추진하느냐가 중요한 것은 이 때문이다. 혁신의 주제가 중요하기는 하나 정작 중요한 것은 사람이다. 혁신의 주체도 사람이고 혁신의 대상도 사람이 중심이 될 때 새로운 혁신 기법도 최적의 효과를 발휘할 수 있게 된다.

1퍼센트의 리더십

경영 혁신하면 모든 경영자가 모든 시간을 들여 혁신에 참여할 것 같지만 사실 그렇지 않은 경우도 많다. 겨우 최고 경영자의 1퍼센트의 시간만 할애되는 경우도 있고 그보다 못한 경우도 많다. 하루 열 시간씩 5일이면 50시간을 근무한다. 즉 일주일에 고작 30분도 채우지 못하는 보고로 혁신 업무가 다루어지는 경우도 많다는 것이다. 필자의 생각에는 적어도 20퍼센트는 되어야 한다고 생각하지만 실상은 1퍼센트도 미치지 못하는 경우를 많이 보아 왔다. 최고 경영자의 참여가 혁신의 주요한 성공 요소라 하는데, 과연 그럴 만도 하다는 생각이 든다.

혁신가의 자기 리더십이란 무엇인가?

혁신가는 혁신을 위한 리더십을 준비하고 있는 사람을 말한다. IBM의 루이스 거스너(Louis V. Gerstner)는 IBM의 CEO를 수락하는 순간 혁신을 준비하고 있었다. 대부분의 신임 CEO는 혁신을 이야기한다. 새롭게 조직을 도약시키거나 어려움에서 건져 내는 사명을 받았기 때문이다. 분명 그들은 혁신가이며 혁신을 준비하고 조직을 바라본다.

삼성 그룹의 이건희 회장 역시 혁신적 마인드로 조직을 바라보았기에 신경영을 이야기했을 것이다. 미래의 글로벌 기업의 이미지가 있었기에, 국내 1등이라는 기존의 이미지가 삼성의 혁신 대상이 되었을 것이다.

이순신 장군은 나라가 망할 위험에 처한 상황에서 무엇을 궁리했을까? 수군만이 그리고 수군이 가지고 있는 판옥선과 화포만이 승리의 핵심 요소라고 생각하지 않았을까? 그러나 그러한 생각은 한순간에 만들어 낸 것은 아닐 것이다. 지속적인 고민과 검토 그리고 자기 확신에 대한 현실적 점검이 있었을 것이다.

이렇듯 혁신가의 자기 리더십은 자신이 소망하는 목표를 위해 조직을 변화시키고자 하는 조건을 가지게 되는데 이것이 바로 혁신의 시발점이자 핵심 마그마가 된다. 마그마라는 표현을 쓴 이유는 용암처럼 지속적으로 뿜어져 나와야 하기 때문이며 모든 것을 녹일 힘을 가지고 있고 동시에 기존 체제를 재편할 힘을 가지고 있기 때문이다. 따라서 혁신가의 리더십에는 마그마와 같은 파워가 존재해야 한다.

혁신가의 자기 리더십은 마그마와 같이 강렬할 뿐 아니라 식는 순간 고착화되는 특징이 있어 새로운 틀을 만들게 된다. 그러기에 스스로 조심하고 매우 중대한 결정을 내려야 할 때 주의해야 한다. 어디로 흘러가 버릴지 모르는 상태에서 분출을 하게 되면 조직은 자기도 모르는 사이 새로운 틀을 형성할 수도 있기 때문이다. 그리고 이러한 틀을 형성하는 과정에서 조직적 아픔을 수반하는 경우도 많다.

또, 마그마와 같은 리더십이 쉽게 식지 않기 위해서는 다른 방법이 없다. 지속적으로 뿜어져 나와야 하며, 주변이 이 분출에 경외감을 느끼고 겁을 먹어야 한다. 이러한 리더십은 한 번에 뿜어내는 강도가 셀수록 높은 산을 형성한다. 그리고 산이 높을수록 파급 효과는 더욱 크게 나타난다.

사실 혁신가는 혁신의 필요성이 스스로에게 있는 사람들은 아니다. 이미 성공한 사람들이고, 개인의 안위만을 생각한다면 그러한 고통을 감내할 이유가 없는 사람들인지도 모른다. 하지만 더 나은 미래를 위해 지금의 혁신 작업을 시도하는 것이고, 거기에는 스스로도 이기지 못하는 강렬한 욕구가 있기 때문일 것이다. 그리고 그러한 욕구를 어떻게 불출해 내야 할지를 곰곰이 생각하고 고민하는 사람들이다. 무엇이 핵심인가를 찾고 원석과 같은 핵심을 잘 깎고 다듬어 진정한 보석을 만들어 가는 희열을 아는 사람들이다.

혁신 리더의 조건 INNOVATION TIP!!

1. 혁신을 추진하는 리더는 혁신에 대한 당위성, 지속적 추진의 의지 등을 되새기고 되새겨야 한다. 이 길이어야 하는가, 지치지 않을 자신이 있는가, 이 길이어야만 한다, 다른 길은 없다와 같은 확신. 그것이 혁신의 시작이어야 한다.
2. 되돌아올 길을 나서지 마라. 중간에 분명 힘든 일이 있을 것이다. 포기하고 싶은 때도 있을 것이다. 그러나 아무리 생각해도 이 길이어야 한다는 반복된 대답을 수도 없이 들을 때 일어서야 한다. 그 때가 바로 혁신이라는 어려운 산행을 시작할 때이다.

04
무엇부터 바꿔야 하나?

우리나라 경제 성장의 원동력은 치열한 교육열을 통해 무에서 유를 창조하고, 그리고 끊임없는 경영 혁신을 통해 세계화에 진입한 데 있다고 할 수 있다. 지나친 교육열과 무모한 경영 혁신 모두 여러 문제점이 지적돼 오고 있긴 하지만 지금까지의 성장에 견인차 노력을 한 것은 사실이다. 그러나 이제 무조건적인 노력이 아닌, 보다 전략적인 접근이 필요한 시기가 되어 가고 있다.

지금까지 행해 온 혁신의 주제를 살펴보면 그 당시 시장 상황에 맞게 유행하는 혁신 테마가 주를 이루었다. 기업들은 성장과 발전에 도움이 될 수 있는 혁신이라면 가리지 않고 모두 진행했다. 물론 시행착오도 있었지만 경쟁 기업보다 앞서 나가기 위해 스스로 고통을 감내하였다. 그러나 이제 보다 체계적인 혁신을 하려면 기존 회사의 전략적 방향에 맞는 더욱 장기적 관점의 혁신 진행이 필요한 시기가 되었다. 일시적인 유행이 아니라 장기적 성장을 위해 혁신은 필수 과제이다. 혁신에 대한 장기적 관점이 없어 발생하는 비효율도 적지 않다. 여러 혁신 프로젝트를 운영하면서도 프로그램 관리가 제대로 이루어지지 않아 사내 자원이 효율적으로 배분되지 못하고 활용되지 못하는 경우도 많다. 똑같은 활동이 중복되거나 현업 업무를 마비시킬 정도의 혁신 업무 등도 있었다. 혁신이 상시적으로 진행되면서 보다 전략적이고 체계적으로 진행되기 위한 노력이 필요하다.

그러나 정작 중요한 것이 있는데 그것은 혁신을 통해 진정 얻고자 하는 핵심 역량을 확보해야 한다는 점이다. 환경 변화에 적합한 조직이 되기 위해 혁신을 추진한다면 핵심 역량을 확보하여 시장에서 성과로 나타나야 한다. 어느 기업은 늘 점검만 한다. 프로젝트 계획서는 항상 작성되지만 실행에 옮기는 데는 주저하는 경우도 많다. 하긴 해야겠는데 베팅이 되지 않는 것이고, 시기를 저울질하다 이런저런 문제로 흐지부지되고, 진정 고쳐야 한다는 확신이 없어 실행에 옮기지는 못하는 것이다.

좀 더 정확하게 혁신의 효과를 극대화하기 위해서는 자기를 주제화해야 할 필요가 있다. 전체적인 방향성은 유지하되 가장 효율적이고 효과적으로 이익을 낼 수 있는 방법을 생각해 보아야 한다. 우리 회사에 맞는 품질 관리, 우리 회사에 최적인 지식 경영 등의 고민이 필요한 것이다. 그러한 고민 이후에 세부적인 활동은 그 빛을 발할 수 있다. 꼭 필요한 것을 얻어 낼 수 있기 때문이다. 그리고 자원 역시 효율적으로 투자할 수 있다.

혁신을 추진하기 전에 가장 먼저 해야 할 일은 무엇부터 바꿀 것인가를 살피는 것이다. IBM의 거스너가 쓰러져 가는 IBM을 회생시키기로 마음먹고 CEO로 취임하면서 가장 먼저 목표로 삼은 것은 무엇을 바꿀 것인가였다. 거스너는 자신이 생각하는 IBM의 본질을 떠올리며, 무엇이 이 어려움을 헤쳐 나갈 근본 원인인지를 깊이 생각했다. 그는 IBM의 기본적인 변화를 이끌었지만, 가장 중요한 핵심인 '무엇'을 바꿔야 하는가를 놓치지 않았다.

"고객 관계의 기본이 되지 않았나?", "기술력이 문제인가?", "서비스 품질이 부족한가?"와 같은 기업의 핵심 경쟁력을 중심으로 하나씩 점검해 나가면서 시장과의 관계와 추세를 살피고 그리고 내부 핵심 경쟁력을 점검하였다.

모든 혁신가들은 근본 원인을 찾는다. 무엇이 문제를 풀 수 있는 답이 될 수 있는가를 면밀히 분석하고 찾아가는 것이다. 과정상에는 일상적으로 있을 수 있는 개선 작업이 있다. 그리고 업을 이해하고 조직을 이해하기 위한 과정들이 수반된다. 그러나 이 모든 것이 가장 중요한 해결책을 찾는 과정이 된다.

새로운 최고 경영자가 기존의 업종과 전혀 다른 회사에 왔다면 아마도 업을 이해하며 핵심 경쟁력을 찾는 것에 집중할 것이고, 기존의 임원들은 새로운 경영자의 업에 대한 지식의 한계로 인해 기대감을 저버릴지도 모른다. 그러나 업의 고유 기능에 대한 숙달된 경험과 경영은 다른 것이다. 경영은 시장과 조직 역량과의 조화를 찾는 과정이다. 그러므로 최고 경영자는 경영의 관점에서 조직의 기능을 관리하는 임원들의 입장과는 다른 차원에서 접근하게 되며 새로운 변화의 해답을 통해서 기업은 새롭게 거듭날 수 있는 것이다.

요즘의 혁신은 회사에 반드시 문제가 있어서 시행되는 것은 아니다. 시장이 바뀌고, 고객의 요구가 다양하게 변화하며, 경쟁자가 먼저 움직이고 있으므로 사전에 미리 준비해야 하는 것이다. 어떤 경우는 현재의 상황에 앞서 변화를 리드하기 위해 혁신하는 경우도 적지 않다.

새로운 혁신은 기존 조직의 업무 형태에 많은 충격과 부담을 주는 행위이므로 사실 많은 숙고가 필요하다. 기존의 일도 바쁜데 특별 훈련까지 해야 하는 상황인 셈이다. 더군다나 막대한 투자 예산에 대한 승인도 받아야 하고, 성공에 대한 부담도 가질 수밖에 없다. 적게는 수십 억에서 수백 억, 수천 억이 들어갈 수도 있기 때문에 쉬운 결정이 아니며 결심하기까지 많은 숙고가 필요하다. 과연 이 혁신이 올바른 방향이냐 하는 판단과 결정이 필요하다. 이 방향으로 조직이라는 배를 끌고 가서 안전한 곳에 도착하지 못한다면 투자 비용과 더불어 시행착오 비용이 막대하게 허비되는 것이다. 그러기에 혁신에 대한 투자 역시 비즈니스라는 베팅을 해야 하는 어려움이 존재한다.

투자의 부담을 가지지 않는 일반 임직원들이야 혁신 활동에 대한 투자 대신 급여나 보너스를 통한 동기 부여를 원하겠지만, 조직의 장기적 발전을 고려해야 하는 경영자는 조직의 체질을 강화해야 하는 혁신에 관심을 가질 수밖에 없다. 그리고 혁신에 투자하는 데 적지 않은 부담과 책임을 갖고 있다 할 수 있다.

혁신에 대한 부담감을 줄이는 일반적인 방법은 기존의 유행하는 혁신 방법론을 그대로 들여오는 것이다. 약간의 기획 인원으로 테스크포스(T/F)를 조직하고 혁신을 하기 위한 준비를 하고 보고를 받고 시행을 허락하는 방식이다. 이 경우 최고 경영자가 주도하는 것이 아니라 T/F의 장이 혁신에 대한 책임을 가지고 시작하게 되며 최고 경영자는 승인하는 방식을 취하게 된다. 이때 최고 경영자는 한 발짝 물러서서 혁신을 지켜볼 수 있겠지만 잘못 방임했다가는 깡통 혁신이 되기 십상이다. T/F 리더의 역량 한계도 있거니와 기존의 임원들을 혁신에 끌어들이거나 통제할 정도의 권한이나 역량이 되지 않을 경우 혁신이 원래 취지와 다른 방향으로 흐르다가 형식적으로 끝나 버리기 쉽기 때문이다.

현재 주류를 이루는 혁신 사상을 받아들이는 것은 나쁘지 않다. 다만 혁신을 혁신답게 추진하려면 조직을 변화시킬 힘과 역량이 뒷받침되어야 한다. 힘도 없이 조직을 움직이라는 것은 연료 없이 자동차를 달리게 하는 것과 마찬가지이다. 그러나 현실에서는 그런 경우가 많다. 한정된 연료와 파워를 가진 자동차가 스포츠카가 되기를 원하는 경우도 왕왕 나타난다. 권한이나 역량이 부족한 혁신 프로젝트로 회사를 획기적으로 변화시키기를 원하는 요구가 이에 해당한다. 임원 한 명 움직일 힘도 없으면서 아래로부터의 혁신을 바라는 상황이 생기는 것이다.

가장 좋은 것은 최고 경영자와 임원이 주체가 되는 것이다. 혁신 팀은 최고 경영자의 스텝 역할을 하는 조직이고 최종 주체는 최고 경영자가 되는 것이다. 혁신 진행 과정에서 최고 경영자는 리더십 스타일을 새롭게 세워 나가고 임원들과 함께 회사를 바꾸어 나가는 것이다. 혁신을 위한 경험들은 조직에 중요한 영향을 미치며 향후 혁신에도 많은 도움을 준다.

혁신은 하나의 베팅이다. 베팅이 되지 못하면 눈치만 보는 깡통이 되기 쉽다. 내용은 없고 소리만 요란하다. 스스로 변화를 이야기하기보다는 아래에서 자동으로 변화되어 보고해 주기를 원하게 된다. 리더의 조건에 따라 혁신은 베팅이 되기도 하고 깡통이 되기도 한다.

혁신 리더의 조건 INNOVATION TIP!!

1. 무엇을 바꿀 것인가의 고민이 시작되면 해답을 찾는 실타래를 풀어헤쳐 가는 안내가 필요하다.
2. 시행착오를 두려워해서는 안 된다. 중간에 저지를 수 있는 실수를 창피해해서도 안 된다. 남에게 맡길 수 없는 일임을 직시하고, 자신이 해내야 하는 일임을 명심한다.
3. 실수를 줄이기 위해서 고심에 고심을 더하는 것이 중요하다. 어디에서부터 시작할 것인가를 조심스럽게 준비해야 한다.

05
핵심 이슈는
기본과 연관되어 있다

가장 중요한 것은
근본 원인(Root Cause)이다. 병이 생겼을 때 문제가 되는 핵심을 찾아가는 것이나 운동을 시작하다가 슬럼프에 빠지거나 정체될 때 기초를 점검하는 것도 유사한 예이다.

 기업의 경우도 그러하다. 환경 변화에 맞는, 조직의 역량에 맞는 문제 해결책을 찾아야 한다. 핵심을 찾기까지는 어려움이 많다. 근본 원인이 아닌 실타래를 찾기만 해도 문제가 해결되는 경우가 있다. 또 해결되어 가는 과정에서 답을 변경해야 할 때도 있다. 변화에 성공한 기업들의 혁신 과정을 살펴보면 일반인이 기대하는 것과는 다른 해답이 제시되는 경우도 많다.

 《동의보감》으로 유명한 조선 시대의 명의(名醫) 허준에게는 허다한 양반들이 자제의 건강을 맡겼다고 한다. 허준의 처방은 어떠했을까? 양반들의 기대와는 다른 처방을 내렸다. 허준의 해답은 대감들이 기대한 보약이 아니었다. 자제들을 한나절 실컷 뛰어놀게 하는 것이었다고 한다. 기대와 다른 답을 준 것에 대해 화를 낸 사람도 있었겠지만, 허준의 처방이 정말 적절한 것이었다고 감탄하는 사람도 있었다고 한다.

거스너가 실타래를 풀기 위해 IBM에서 찾은 단서는 고객 중심이라는 요소였다. 그리고 그는 이를 바탕으로 서비스 그룹으로의 변신을 시도했다. 삼성 그룹의 경우는 질(質) 경영을 선언한다. 어찌 보면 매우 단순한 것 같은 이러한 해답들이 바로 핵심이다. 고객 관점, 질 경영. 지금 들어 보면 매우 단순한 것이다. 그러나 그 시점에 경영의 핵심에서 무엇을 우선순위로 관리하고, 어디에 집중할 것인지를 선택해야 한다. 모든 요소가 다 중요해 보이는 순간에 전략적 선택을 하여 혁신에 집중해야 한다.

IBM이라고 질을 무시할 수 있을까? 삼성이라고 고객을 무시할 수 있을까? 그러나 경영의 관점에서 우선순위를 정할 때에는 그중 하나를 선택해야 하고 그 하나가 바로 전략적 초점이 된다. 나머지는 핵심과 연계된다. 우선순위의 차이일 뿐 불필요한 것은 아니다.

그리고 그러한 전략적 초점이 시장과 맞아떨어질 때 성과가 나고 혁신은 성공하게 된다. 물론 그러한 혁신의 방향성은 단계별로 변화하고 발전하지만 우선적인 실타래를 풀기 위한 최초의 노력은 중요하다. 무엇이 최선이고 무엇부터 해야 하는지를 결정하는 과정에서 그 최초의 노력은 고통스럽기까지 하다. 그러한 고통스러운 과정을 통해 새로운 리더십이 세워진다.

이순신 장군을 그린 드라마 〈불멸의 이순신〉을 보면 수군을 훈련시키는 장면이 나온다. 수군만이 이 전쟁의 해결사이다. 그런데 문제는 그 수군이 '수군'이 아니었다. 장졸들은 어찌 되었든 용감히 싸우면 된다는 생각으로 가득 차 있었다. 따지고 재고 하는 것들이 다 비겁한 것으로 보일 수도 있었으리라. 그러나 문제는 용기가 있고 없고의 문제가 아니라 나라의 존망의 문제이니 간단하지 않았을 것이다.

총알이 부족하다면 한 발 한 발이 소중하고 귀중할 수밖에 없다. 혁신을 해야 할 대상이 매우 위급한 상황이라면 경영 자원 역시 몇 발 안 되는 총알과 같다. 경우에 따라서는 총알이 전혀 없어서 사내 자원을 처분해야 하는 경우도 있다. 단지 총알을 확보하기 위해서 말이다. 물론 전쟁의 양상을 바꿀 수 있는 혁신을 통해 회생할 수 있는 그런 한 발을 만들기 위해, 그러한 고통스러운 준비를 통해 한 발 한 발을 발사하는 것이다.

최초 공격의 성공률은 높을까? 아마도 최초 공격의 성공률은 높지 않을 수도 있다. 값비싼 자원을 허비하고 얻는 것이 고작 과녁의 위치를 가늠하는 정도였다면 정말 한심하고 힘든 일일 수 있다. 그러나 시작한 일은 끝을 보아야 한다. 감각을 익히고 다음의 방아쇠를 당겨야 한다. 긴장되는 순간들이지만 꼭 이기는 전투가 되어야 한다. 그리고 하나하나 이기는 전투들이 모여 불가능할 것 같은 전쟁의 승리를 가져오게 한다.

따라서 초점을 찾는 과정이 무엇보다 중요하다. 골프를 치는 사람에게 한 샷 한 샷이 중요하듯 자신이 가진 자원이 많지 않을 경우 의사결정 하나하나는 매우 귀중한 의미를 지닌다.

운동선수들은 슬럼프에 빠질 때마다 기본으로 돌아간다고 한다. 그 기본으로 돌아가기 위해 유능한 코치의 도움을 받기도 한다. 말하지 않아도 다 아는 그런 기본기로 돌아가는 것이다. 코치는 자신 역시 경험한 슬럼프를 이해하기에 간단하지 않은 그러나 일반인이 보기에 간단한 처방을 내리고 문제를 해결한다.

경영에서도 마찬가지로 기본기로 돌아가는 과정에서 답을 발견한다. 아주 미묘한 차이에서 경영은 허점이 나 있을 수 있다. 그 미묘한 차이를 찾고 교정해 주는 것이 혁신가의 또 다른 역할이다.

누구나 다 말할 수 있는 일반적인 경영의 주제들 속에서 단 하나만을 선택해서 강조해야 한다면 그리고 조직의 웃음거리가 되지 않고 반드시 성공해야 한다면 초반의 선택은 매우 중요한 의미를 띤다. 선택할 기회는 많지 않을 수 있다. 초반의 선택이 성공한다면 선택의 여유가 많아지겠지만 그렇지 않을 경우 기회도 사라져 버리게 된다.

혁신은 이렇게 시작된다. 모든 조직원을 한 방향으로 몰고 갈 그 핵심 이슈를 향하여 단 몇 번의 선택이 가능하다. 그러고 난 다음에는 돌격해야 하는 상황이 되어 버리거나 의미 없는 메아리로 놔두거나 아니면 누군가의 책임으로 몰고 가야 하는 것이다.

혁신 리더의 조건   INNOVATION TIP!!

1. 핵심을 잘 찾는 것이 조직에 아픔을 덜 주는 유일한 길이다.
2. 어차피 뽑아야 할 썩은 이라면 한 번에 뽑아야 한다. 잘 뽑는 의사가 덜 아프게 뽑기는 하지만 아픈 일임에는 틀림이 없다.
3. 혁신 그 이름만으로도 치과에 가는 듯한 일이다. 그러나 당신이 치과 의사임을 잊어서는 안 된다. 그냥 놔두면 더 큰 화를 불러일으킨다는 것을 잘 알기에 의사로서 그 일을 해야 한다.
4. 되도록 아프지 않게 최선을 다해야 하지만, 정작 중요한 것은 아프고 덜 아프고가 아니라 충치 그 자체를 제거해야 한다는 것이다.

06
혁신하는 리더의 용기와 자기 관리

혁신하는 자는 어떤 용기가 필요할까? 어떻게 자기를 추슬러야 할까? 조직의 모두는 혁신가의 불같은 성품과 열정에 감복하기도 하고 놀라기도 하며 충성을 다하기도 한다. 그러나 혁신가 역시 인간이기에 어려움을 겪는다. 감정의 기복도 있으며, 시련이 닥치면 좌절하기도 한다. 다만 조직의 리더이기에 세세한 부분을 표현하지 않을 뿐이다. 스스로를 점검하고 누군가의 점검을 받고 싶어 하며, 의지를 더 높이려 하고, 자기 논리의 정당성을 지속적으로 점검받고 싶어 한다. 자신이 무너지면 지금까지 해 온 과정은 아니 한 것만 못하다는 사실을 잘 알고 있으므로 스스로에 대해서도 관리를 하고 있어야 한다.

이러한 측면에서 혁신 프로젝트 팀은 혁신 업무를 추진할 뿐만 아니라 혁신을 주도하는 리더의 중요한 참모가 되어야 한다. 프로젝트를 진행하며 혁신의 정당성 또는 효과성을 재점검하고 확신을 심어 주도록 노력해야 한다. 또 정기적인 변화 진척도 조사 등을 통해 조직의 변화도 알려야 한다. 그러나 이러한 혁신에서 가장 소중한 교훈은 한꺼번에 모든 것이 성취되지는 않는다는 점이며, 조직을 움직이는 일이 결코 쉽지 않다는 것이다. 생명 탄생의 기쁨이 있기 전에 산고의 고통이 있고, 아기를 키우는 과정에서 어려움이 있듯이 조직을 혁신시키고 성장·발전시키는 일은 쉽게 이루어지는 일이 아니며, 노고와 지원이 수반되어야 하는 일이다.

혁신이 어느 정도 진행되는 시점에서는 혁신의 성과를 가시화하도록 노력해야 하며, 검증되고 결정된 내용은 이를 조직 내에 시스템화하고 규율화하는 작업을 시작해야 한다. 조직은 경험하지 않은 것에는 늘 의심을 하므로 혁신의 리더들이 가지는 직관과 검증을 통한 성과를 조직에 뿌리내려, 혁신의 의미와 성과를 인식시켜 나가야 한다. 그래서 혁신가는 프런티어 정신을 가져야 한다. 먼저 해 보고 시행착오를 겪고 무엇이 가장 좋고 빠른 길인가를 확인한 다음 조직의 다른 구성원이 빠질 수 있는 시행착오를 줄여 주어야 한다.

혁신가는 좋은 참모와 좋은 도구를 가질 필요가 있다. 조직을 리드해야 하기 때문에 조직 장악력을 가질 필요도 있으며 장애 요소를 파악하고 극복해 나가면서 혁신을 추진해 나가야 한다. 그래서 혁신 전 기간에 걸친 변화 흐름에 대한 전체적인 안목이 필요하다. 어디서 조이고 어디서 풀어 줄 것인가 그리고 최종 모습은 무엇인가? 어디까지가 조직의 한계인가를 테스트해 보아야 한다. 그리고 최적의 조건을 가지는 것이 아니라 최선의 상태를 지향하는 것으로 조직을 훈련시켜 나가야 한다. 조직을 모두 믿지도 말고 또 신뢰를 저버리지도 말아야 한다. 즉 항상 대비하고 맡겨야 한다는 것이다.

고시 공부하는 사람들은 스스로 건강을 챙기는 방법을 알고 있다. 그러하듯 혁신하는 리더 역시 스스로의 열정을 관리할 줄 알아야 한다. 자신의 열정을 조직의 학습에 잘 활용해야 하고 자신의 열정을 관리하기 위해 지속적인 자극도 필요하다. 따라서 좋은 참모진을 확보하고 그러한 참모들을 찾는 일 또한 지속적으로 필요하다. 스스로를 위해서이고 조직을 위해서이다. 그리고 단기전이 아닌 장기전에 대비하여 열정을 관리하되 감정에 치우치지 않도록 해야 하며, 조직을 변화시키기 위해 리더를 양성하고 신뢰하며, 만약의 경우를 위한 준비도 해야 한다. 혁신은 참으로 정신적으로도 고되고 힘든 작업이라 할 수 있다.

혁신 리더의 조건

INNOVATION TIP!!

1. 열정을 지속적으로 관리하고 점검해야 한다.
2. 혁신을 통해 얻은 성공 규칙을 조직의 규칙과 시스템으로 정착할 수 있도록 관리하고 점검해야 한다.
3. 좋은 참모진을 구성하고 조직을 장악하고 모니터링해야 하며 자신의 열정을 관리하기 위해 다른 열정자를 찾아 조직의 열정을 증폭시켜야 한다.
4. 조직 전체의 의견에 흔들리지 말고 옳고 그름을 지속적으로 점검해야 한다.
5. 한두 번의 시행착오를 각오해야 하며, 시행착오의 기회가 많지 않음을 알고 시행착오 끝에 세심한 자기반성과 점검을 해야 한다.
6. 리더는 만능이 아니므로 조직의 중간 리더들이 제 역할을 하도록 커뮤니케이션을 통해 육성해야 한다.
7. 무엇보다 자신의 열정을 유지하기 위해서라도 과정 중간 중간 힘을 얻을 수 있는 작은 규모의 성공 사례들을 만들어 둘 필요가 있다.

07 한 번은 확인해 보아야 한다

〈불멸의 이순신〉을 보면 해상 훈련의 어려움 속에서 이순신 장군이 부하 장수들에게 하는 말이 있다.

"내가 고집을 부리고 있다고 생각하는가?"

정말 모두들 답답하리만큼 못 알아듣는 상황이다. 시청자인 나는 답답하기 이를 데가 없었다. "저 바보들, 이순신 장군이란 말이다. 왜 그 분의 말을 무시하는 거야?"

하지만 최초의 리더십을 확보하는 순간 대부분의 사람들은 기존의 관념을 깨는 조직적 마찰을 경험해야 한다. 다른 방식에 대한 마찰은 기존 방식에 대한 위험을 인식하는 데서 시작하는 것이다.

이순신 장군 역시 위험을 느꼈을 것이다. 수군만이 승리의 길이라 확신하는데 그럴 역량도 부족하고 자세도 부족하였다. 정작 자기 스스로도 본래부터 수군이 아니었기에 본인 자신도 고통스러웠을 것이다. 그러나 그 과정에서 자신의 전략적 선택에 대한 점검과 재점검을 반복하고, 그래도 올바른 선택이고 지금 겪을 위험을 극복할 수 있는 최선의 전략이라 생각했을 것이다.

전략적 판단은 종종 기존의 방식과 다른 방향을 제시한다. 기존의 방법은 방향은 같고 강도를 달리하는 노력을 요구한다. 그러나 새로운 방식은 위험을 감수하고 새로운 방식의 보다 많은 노력을 요구한다. 세부적인 부분에서는 각자 알아서 맞춰 나가야 한다. 그러기에 더 많은 관리와 노력이 필요하다.

기존 방식과 다른 전략 방향일수록 기존 방식에 익숙한 조직원은 하나 둘씩 등을 돌리기 시작한다. 기존의 방식이 아니기 때문이다. 자신들이 원하는 답을 제시해 주기를 원했는데 리더가 다른 답을 제시한다면, 그 리더를 따르기는 참으로 어려울 것이다. 그러나 조직원 자신이 변화하지 않으면 조직이 변화하지 않기 때문에, 혁신가는 조직의 리더들에게 매달릴 수밖에 없다. 그들을 설득하고 위협하고 그러면서 제도를 만들어 가는 것이다.

이 과정에서도 혁신가는 베팅을 해야 한다. 새로운 리더십을 세울 수 있을까? 아니면 망신을 당하고 물러날 것인가. 그래서 양보할 수 없는 소리 없는 전쟁을 치른다. 상처가 나고 일부는 조직에서 이탈할 수도 있다. 그러나 이 과정을 통해 혁신가는 비로소 조직에 새로운 리더십을 세우게 된다. 자신의 조직을 자기 몸처럼 한 발 움직이게 하는 것이다. 그 한 발짝이 바로 조직 리더들의 리더십을 세우는 가장 중요한 발걸음의 시작이 된다.

> **혁신 리더의 조건**   INNOVATION TIP!!
>
> 1. 신뢰를 확보한다는 것은 쉽지 않은 일이다. 뭔가 성과가 보이지 않으면 조직은 움직이지 않는다. 억지로라도 움직여 깨닫게 할 수 있다. 필요하다는 것을 아는 것과 행동하며 느끼는 것은 다른 것이다.
> 2. 군인으로서 아침에 구보를 하는 것이 당연하지만, 정작 새벽에 일어나는 일은 개인적으로는 어려운 일일지 모른다. 그러나 어려운 일이라도 조직이기 때문에 가능하다. 조직의 규율이 있기에 가능한 것이다. 그것이 조직의 문화가 되고, 당연한 학습 과정을 거치게 된다.
> 3. 새로운 규율을 만들고 그것이 기존의 것과 차이가 크면 어려움이 있게 마련이다. 그래서 늘 변화에 적응하는 훈련이 되어 있어야 한다. 혁신자는 조직을 융통성 있게 훈련시켜야 한다. 훈련받은 조직은 급격한 변화에 살아남을 확률이 높아진다.

08
혁신이란 자동으로 되는 것이 하나도 없다

회사의 오너나 최고 경영자가 어떤 말을 했다고 해서 그 조직이 발 빠르게 움직일 수 있을까? 아마도 그렇다고 답한다면 그것은 오해이다. 아무리 칼자루를 쥐고 위협을 해도 조직은 움직이지 않을 수 있다. 그 이유는 무엇이라 생각하는가? 위협이 약해서? 아니면 리더십의 한계로? 둘 다일 수도 있지만 전혀 아닐 수도 있다. 결론은 조직원이 어떻게 해야 할지 잘 몰라서이다.

전혀 해 본 적이 없기 때문에, 혹 어떻게 반응하는 것이 좋을 것 같다고 느끼더라도 조직은 움직이지 않는 경우가 많다. 이미 주눅이 들어 있는 상태여서 남들이 움직이면 우르르 따라갈지언정 어떻게 움직이는 것이 좋은지는 전혀 모른다. 선뜻 나서지 못할 수 있다.

조직이 주눅들어 있거나 경험이 없거나 어찌 해야 할 바를 모를 때에는 자세히 가르쳐 주는 것이 상책이다. 그런데 문제는 직접 이야기하기 곤란한 경우도 있다는 것이다. 사장이 나서서 이러쿵저러쿵 일일이 다 이야기해 주는 것도 어렵거니와 세부적인 행동 계획은 스텝진의 몫이기도 하다. 이럴 경우 중요한 것이 바로 조직을 관리하는 인사의 역할이다. 인사는 많은 역할을 하지만 가장 중요한 역할 중의 하나가 바로 조직 통제력을 가지는 것이다. 조직 거버넌스(Governance)라고나 할까?

그러나 혁신 과정에서 이러한 역할을 제대로 하지 못하는 인사 조직이 생각보다 많다. 최고 경영자가 난리를 치고 조직을 움직이려 애를 쓰는데 인사에서는 이렇다 할 만한 영향을 제공하지 못하는 경우가 많다. 혁신을 추진하는 최고 경영자의 말에 힘을 싣고 조직 방방곡곡을 찾아다녀야 할 역할조차 하지 못하는 경우도 있다.

따라서 혁신을 추진하기 위해 가장 중요한 역할을 해야 하는 곳이 바로 인사이다. 혁신의 의미와 세부 의미들을 정리하고 조직에 전달해야 한다. 또 조직을 장악하는 임원진의 변화를 유도하도록 중간 다리 역할을 해 주어야 한다. 그래야 조직은 비로소 알아듣기 시작한다. 이제 한 발짝 한 발짝 떼어 가면서 눈치를 살피게 된다. "이게 맞는 것인가요?", "원하시는 것이 이건가요?" 하면서 말이다.

혁신 리더의 조건   INNOVATION TIP!!

1. 조직의 변화는 혼자 할 수 있는 일이 아니다. 조직의 거버넌스가 확립된 경우나 혁신을 경험한 조직이 아니라면 인사의 조직 통제 기능을 십분 활용해야 한다.
2. 인사는 최고 경영자의 혁신에 대해 가장 민감히 반응해야 하고 가장 전략적으로 움직여야 하는 조직이다.
3. 인사는 중간자로서 혁신의 세부적인 행동 지침을 조직의 주요 이해 당사자들에게 전달해야 한다. 그래야 부드럽게 조직을 움직일 수 있다.
4. 항상 성공적인 움직임이 되지 않을 수 있으나, 인사는 혁신 과정에서 윤활유 역할을 해 주거나 행동 지침 전달자 역할을 해 주어야 한다.
5. 혁신 리더 역시 인사의 순기능을 잘 활용해야 많은 부담을 덜 수 있다. 실무적 커뮤니케이션 콘텐츠를 보다 쉽게 이해하도록 만들어 조직에 전달해야 하며, 조직은 인사에서 하는 일이기에 무시하지 못할 것이다.

09 발전소의 전압이 내려가는 것은 당연하다

발전소가 멀리 송전을 할 때는 송전 중간 중간 전압을 변화시켜 주는 변전소를 만든다. 전압은 멀리 갈수록 자동적으로 낮아지기 때문에 높여 주기도 하고 발전소 전압을 사용자가 쓰기 편하게 낮춰 줄 필요도 있다.

마찬가지로 혁신 리더의 열정은 조직 곳곳에 가야 하지만 적정한 전압으로 조정되어 전달될 필요가 있다. 또 발전소의 전압이 멀리 갈수록 내려가는 것은 당연하다. 그러나 조직의 혁신 열기가 식지 않게 하기 위해서는 중간 중간 변전소가 필요하다. 혁신에서도 혁신가의 말을 증폭해 줄 변화 담당자가 필요하다. 변화의 리더들이 조직 내에 숨어 있어야 한다는 것이다.

혁신 담당자는 우선 혁신 내용의 신봉자가 되어야 하며 조직 세부적으로 전압이 낮아지지 않도록 관리하는 역할을 하게 된다.

따라서 혁신가는 혁신의 의지가 전달되도록 지속적인 노력을 경주해야 한다. 스스로 초심을 잃지 않도록 해야 하며, 스스로도 미래를 위해 담당자들을 확보하는 것 역시 실행 측면에서 중요하다. 왜냐하면 지지자들이 혁신가 혹 미래에 낙담하게 될 때 용기를 북돋우는 역할로 상호 도움이 될 수 있는 까닭이다. 혁신가도 사람이다. 의지가 식게 마련이다. 답답할 경우도 있다. 그럴 경우를 대비하여 미래의 혁신가를 키워 놓아야 한다. 그래야 자신도 다시 용기를 가지고 열정을 보충받을 수 있다. 조직 전체의 변화를 위해서는 장기적인 열정 관리가 필요하다.

그러므로 열정이 식는 것을 한탄할 필요도, 조직을 원망할 필요도 없다. 원래 열정이란 그런 속성을 지닌 것이기 때문이다. 강사도 학생이 되면 졸리고 혁신가 역시도 새로운 규율을 수행해야 한다면 짜증이 나는 법이다. 누군가는 이끄는 것이고 또 누군가는 끌려가는 것이다. 조직은 원래부터 그런 것임을 인식하고 차분하고 냉정히 열정이 식지 않는 시스템을 조직화해야 하는 것이다.

경우에 따라서는 의도적인 화를 낼 수도 있다. 그리고 그러한 의도성에는 프로그램이 숨겨져 있어야 한다. 칼을 뽑아 들고 뭔가를 내리쳐야 하기 때문이다. 뭔가 이루어지지 않는다면 다음번에는 화내는 가치가 점차 줄어들 수 있다. 정치력이란 때론 의도한 바를 보다 쉽게 이룰 수 있는 방법이 된다. 조직을 잘 관리하는 것은 혁신의 성공을 위해서 매우 중요하다. 조직의 통제 관리가 잘 되어 있느냐 그렇지 못하느냐에 따라 조직을 움직이는 데 어려움을 겪을 수도 있고 덜 겪을 수도 있다.

그래서 역량이 갖추어진 조직은 성과를 조기에 확보할 가능성이 높지만, 그렇지 않은 조직은 매우 많은 노력이 필요하다. 전압이 내려가는 것을 염려할 것이 아니라 조직의 상태를 살피고 자가발전할 시스템을 만드는 것이 중요하다. 그것이 혁신 리더가 해야 할 또 하나의 일이다.

혁신 리더의 조건　　　　　　　　　　　　INNOVATION TIP!!

1. 중간 변전소를 잘 관리하는 것이 혁신의 성공 요소가 된다. 열정이 식는 것은 당연하다는 점을 인식할 필요가 있다.
2. 얼마나 빨리, 어느 정도까지 내려갔을 때 온도가 내려갔는지 확인하고 감을 가질 필요가 있다. 그리고 변전소의 수를 생각해야 한다.
3. 의도적인 감정 표현도 조직을 움직이는 데 도움이 된다. 여기서 중요한 것은 사후 계획이 있어야 한다는 것이다.
4. 의도를 가진다는 것은 후속 프로그램이 있다는 것이다. 이 후속 프로그램이 잘 진행되어 성과를 보면 추후 보다 손쉽게 조직을 움직일 수 있다.

2

혁신을 담당할 친위군을 구성하라

INNOVATION LEADER

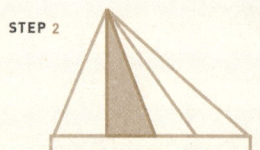

STEP 2

두 번째 산행
사내 혁신 팀을 만든다.

두 번째는 동지를 만나는 산행이다. 이제는 사람들을 만나서 희망을 전해야 한다.
그리고 나를 닮으려는 동지들을 만나 그들에게 임무를 부여해야 한다.

01 어느 직원의 고백 1
깡통 시나리오의 경우

혁신이 시작되었다. 그러나 조용히 시작되었다. 언제 시작되었는지 직원들은 잘 모른다. 프로젝트 팀이 꾸려졌고 사보에 한 면을 장식했다. 프로젝트 팀에서 뭔가 대단한 일을 한다고 설명하고 있지만 어려운 용어로 가득 채워져 있어 이해하기는 힘들었다. 그나마 사보를 보지 않은 직원들은 그런 일이 진행되고 있는지도 모를 것이다. 다만 사보 글귀에는 회사의 운명을 바꿀 매우 중요한 일이라는 점이 강조되어 있었다.

하지만 그렇게 중요한 일을 회사 임원진 중 그 누구도 아니, 내 부서의 부서장도 강조하는 일은 없었다. 사보에 사장님이나 아니면 임원 얼굴이라도 같이 실었으면 정말 중요한 일임을 강조할 수 있었을 텐데 하는 생각이 들었다. 책에도 추천사라는 것이 들어가게 마련인데 어째서 프로젝트 팀은 스폰서 얼굴조차 없는지 모르겠다. 진정으로 책임지려는 마음이 없어서일까? 프로젝트 팀원은 아쉬운 마음부터 가지고 혁신을 시작하게 되었다.

프로젝트 팀을 꾸리는 데도 사내 모집 공고조차 없었다. 그저 조용히 전문가들이 하는 일이라고 생각하는 듯했다. 프로젝트 팀은 김 모 부장이 사장님께 건의해서 이뤄진 것이라는 소문이 있다. 김 모 부장이 권력에서 밀려난 후 위험성이 높은 혁신을 하겠다고 나서면서 재기의 발판을 삼으려 한다는 소문이 있었다. 사장님은 열심히 해 보라 말씀하셨다고 하는데 정말 지원이 있을지 의문이다.

프로젝트 팀이 꾸려지고 방 하나가 할당되었다. 외부 컨설턴트를 몇 명 데려온다고 큰돈이 투자되었다고 했다. 사장님도 임원들도 기대가 크다는 소문이 있었지만 소문이었을 뿐 내 부서장은 언급한 적이 없다. 내 부서장이 아무 말도 없는 것을 보면 아마 나에게는 아무 영향도 없을 것이라는 생각이 든다.

프로젝트 팀의 컨설턴트가 임원진을 인터뷰하기 시작했다. 전략적 방향을 묻는다고 하는데 답변을 만들라는 지시가 하달되었다. 자기 일은 자기가 할 것이지 왜 나에게 시키나 하는 생각을 하면서 골치 아픈 일이 나에게 오지 않기를 바랐다.

컨설턴트가 사장님 인터뷰에 들어갔다. 컨설턴트가 친구여서 몇 가지 정보를 얻을 수 있었다. 컨설턴트인 친구도 속으로 사장님에게 별로 기대한 것은 없었다 한다. 사전 질문지를 드렸고 통상의 일반적 의견이 있었다. 사장님의 주문 내용은 그저 열심히 해 달라는 것이었다. 혁신 업무에 대한 어떤 질문도 없었다고 한다. 질문은 임원들의 몫으로 돌아갔다. 하지만 임원 인터뷰도 핵심 질문에 답을 하지 않고 혁신 주제와 관련 없는 자기 의견을 피력하려는 자리였다고 한다. 해당 혁신의 전략적 초점을 이해하고, 사장님과 같은 생각을 가진 임원은 거의 없었다고 한다. 그럭저럭 보기 좋은 보고서가 꾸며졌다는 후문이 들렸다. 잘 정리했다고 모 임원이 좋아했다고 한다. 보고하기 좋은 보고서였나 보다.

부정적 관심

프로젝트의 성공은 오로지 프로젝트를 맡고 있는 김 모 부장의 개인기에 달려 있는 듯했다. 과연 그 김 모 부장이 재기에 성공할 수 있을까 하는 생각이 들었다. 발도 그다지 넓지 않고 아랫사람들만 들들 볶는 스타일이기에 프로젝트 팀원이 벌써부터 근심이라 했다. 더구나 프로젝트 팀원 중 쓸 만한 인재가 보이지 않아 더 걱정이다. 뭐가 나올까 하는 생각도 들고 실패하면 모두 폐기 처분되지 않을까 하는 생각까지 들게 했다.

어쨌든 혁신은 시작되었다. 사장님이 관심이 많다고 한다. 그저 명목상 하는 이야기가 아니기를 바란다. 보다 구체적인 관심이 지속되길 바란다. 그러나 임원들은 별로 관심이 없는 듯했다. 언급한 적도 없고 혁신 관련 일을 지시한 적도 없다. 물론 한두 번은 직원들에게 혁신의 문제점을 장황히 늘어놓기도 하고, 간접적으로 혁신의 부당함을 토로하며, 사장의 전략 방향에 이의를 제기한 적은 있었다. 불만도 관심이라면 관심일 수는 있겠지만 긍정적 관심이 아닌 부정적 관심이라는 것이 문제였다.

조직 분위기가 이러하다 보니 혁신은 대부분 혁신 팀이 혼자 알아서 하는 것이라는 인식이 당연시되기 시작했다. 혁신 팀이 도움을 요청하면 개인적 친분으로 약간 도움을 줄 뿐이었다. 고생한다고 하니까 도와줘야겠다고 하지만, 내 일에 방해받고 싶지는 않다. 더군다나 김 모 부장은 돌아다니는 법이 없었다. 아래 직원들만 마지못해 전화를 걸 뿐이었다.

언젠가는 우리 회사 직원도 아닌 컨설턴트가 찾아왔다. 자료를 부탁하는 모양인데 내가 뭘 믿고 외부 직원에게 내 업무를 설명해야 하는지 모르겠다. 그것도 내 치부를 찾으려 하는 모양인데 정말 기분 나쁘다. 왜 이런 일이 반복되는지 모르겠다. 그 돈 있으면 보너스나 많이 주었으면 좋겠다.

깡통의 조짐 INNOVATION TIP!!

1. 조용히 시작되었다.
2. 임직원에게 설명되는 쉽고 간략한 전략적 메시지가 없다.
3. 최고 경영자가 혁신 내용에 대해 궁금해하지 않는다.
4. 프로젝트 팀원 중 역량 있는 인력이 모집되지 않았다.
5. 임원들이 언급하지 않는다. 아니 오히려 부정적인 메시지를 전달한다.
6. 회사 임직원이 프로젝트 관리자와 팀원에 대해 신뢰를 보내지 않는다.
7. 컨설턴트를 심리적으로 거부한다.
8. 기대감을 갖지 않는다.

02
어느 직원의 고백2
베팅 시나리오의 경우

우리 회사는 늘 혁신에 미쳐 있는 것 같다. 물론 그 덕에 회사가 성장했다는 데에는 모두가 동의한다. 혁신 활동이 회사를 성장시키는 동력이라고 모두들 이해한다. 하지만 혁신은 힘든 과정이기도 하다. 혁신은 매우 귀찮기도 하고 힘들기도 하지만 조직의 윗분들 특히 사장님이 관심이 많아 직접 관여하기 때문에 임원 이하 팀장들이 소홀히 할 수 없는 분위기이다. 혁신을 시작한다 하면 다들 또 때가 되었다고 생각한다. 물론 초기에는 시행착오도 많았다. 그러나 이제 혁신 그러면 일단 자세를 잡는 데는 많은 시일이 걸리지 않는다. 일부 특진한 인사들이 있기 때문에 다들 실력이 있다고 생각하는 인력들은 혁신을 조직에서 성장할 수 있는 계기로 본다.

사장님이 직접 혁신 테마에 대해 임원진과 이야기한다고 한다. 임원들은 골치가 아프다며 부담을 많이 느끼는 듯하지만 혁신에서 밀렸다가는 인사 고과에 큰 마이너스가 되므로 죽어라 공부하는 것 같다.

이번에는 사장님이 지시하여 선택된 이 모 부장이 프로젝트를 책임진다고 한다. 그 부장은 프로젝트를 끝내고 나면 임원으로 승진할 것이라는 소문이 파다하다. 꽤 잘 나가는 부장인 듯하다. 아직 승진하기에는 이르다고 생각하는데 베팅을 하는 것 같다.

프로젝트 시작도 나름 성대하게 한 듯 보였다. 사장님, 임원뿐만 아니라 부서장들을 모두 참석시켜 혁신 시작을 알렸다는데 바쁜 사람들을 모아 꼭 그렇게 해야 하는가 하는 생각이 들긴 하지만 고위급 인사들이 관심을 가져야 할 것처럼 느껴졌다. 윗분들이 관심을 가지니 일반 임직원들도 잘은 모르지만 무시 못 하는 분위기다.

사장님이 컨설턴트들을 만나 직접 회사의 상황을 간접적으로 묻는 통에 모두들 긴장 상태이다. 젊은 컨설턴트들을 너무 신뢰하는 것 같아 기분 나쁘기도 하고 임원들은 책잡히는 일이 있을까 봐 안절부절 못하기도 한다. 뭔가 좀 위에서 바뀌나 하는 기대감을 가지게 한다. 조직의 분위기나 업무 방식은 사실 위에서부터 바뀌어야 바뀌지 아래에서 바뀐다는 것은 사실 힘들다고 생각한다.

프로젝트 팀 모집 공고도 있었다. 부서별로 추천한 프로젝트 팀이 일차로 선발되었는데 다시 팀을 재조직한다고 한다. 고과가 나쁜 프로젝트 팀원이 다 퇴짜를 맞았다고 한다. 프로젝트 팀원을 보니 나름 우수한 인력을 모은 것 같다. 개중에는 말 많은 사람들도 보인다. 웬만큼 똑똑하다고 알려진 사람들은 대부분 모은 것 같다. 저 사람들 속에서 튀려면 힘들겠다는 생각이 들기까지 한다.

사장님은 정례사에서 자신이 베팅을 했다고 했다. 이 모 부장도 이번 프로젝트에 베팅을 한다고 공언하고 다닌다고 한다. 임원을 다느냐 못 다느냐는 프로젝트의 성공에 달려 있다고 했다.

프로젝트 팀원에 대해서 사장님이 특별 고과를 적용한다고 한다. 고생은 되겠지만 사람들 생각에 특진을 하려면 혁신 프로젝트에서 고생할 각오하고 뭔가를 해야 한다고 생각하는 것 같다.

사람들이 컨설턴트들을 부러워하기도 하고 프로젝트 팀이 사내벤처가 된 것 같다는 이야기를 한다. 뭐든 프로젝트 팀에서 요구하는 일은 일단 일순위로 진행되었다. 직원들은 뭔가 또 바뀌려는지 불안해하면서도 기대감을 가지는 눈치이다.

베팅의 의지   INNOVATION TIP!!

1. 사장의 구체적인 관심으로 시작되었다.
2. 특진할 대상자가 프로젝트 리더가 되었다.
3. 회사의 주요 리더들이 프로젝트 발대식에 참여했다.
4. 프로젝트 팀원을 역량 있는 인력으로 선정했다.
5. 회사 임직원이 프로젝트를 특진의 기회로 여기게 되었다.
6. 혁신이 최우선 순위로 지원된다.
7. 변화에 대한 불안감을 가지지만 뭔가 변화가 있을 것이라는 확신이 조직 저변에 확산되기 시작한다.

03
혁명 장군의 조건

만약 누군가 혁명군이 되어야 한다면 어떤 기분이 들까? 그리고 그 혁명군의 장군이 되어야 한다면 어떤 생각을 가져야 할까? 아마도 목숨을 내놓을 각오가 되어 있어야 할 것이다.

갑자기 영화 〈터미네이터〉의 주인공 존 터너가 생각난다. 어려서부터 남달랐고 그의 어머니도 남달랐다. 한 명의 리더를 죽이기 위해 미래에서 현재로 로봇을 보내기도 한다. 리더는 그만큼 중요하다. 리더가 없어지면 구심점이 없어지고 조직의 체계가 무너질 수 있다. 그래서 혁명군의 리더는 중요하다.

그리고 그 리더는 이미 개인이 아니다. 조직의 리더이고 혁명군의 리더이므로 사사로움에 사로잡힐 수 없다. 무엇인가 바꾸는 사람들의 모습은 다들 그러하다. 고민이 많다. 반대를 무릅쓰고 밀어붙일 자세가 되어 있다. 아울러 매우 전략적이고 치밀하다.

혁명 군사를 이끌고 있는 혁명군 리더는 핵심 가치에 대해 매우 투철하며 그리고 전략적으로 치밀하고 탁월하여 성과를 거두는 사람이다. 맹목적이지 않고 자신 상황에 맞는 전략 전술을 통해 탁월한 성과를 획득해 낸다.

필자가 가장 존경하는 이순신 장군도 그러했고 세종대왕도 그러했다. 각각의 리더십은 다른 모습이었지만 혁신 리더로서의 자질을 가지고 아주 전략적인 모습으로 성과를 거두어 냈다. 용맹하다고 무엇인가를 바꿀 수 있는 것은 아니다. 치밀하고 전략적이고 성과 중심적이며 가치 중심적이어야 한다. 가치를 위해 사람들에게 용기를 북돋우는 사람들이었다.

현실을 알기에 무모한 전쟁을 치르지 않는다. 그러나 움직여야 한다고 판단하면 반드시 성과를 만들어 나가고 이를 시스템화·체계화하도록 조직원을 독려한다. 독려된 조직원은 가치를 배가하고 성취감을 맛본다.

일반적인 혁신 과정에서의 프로젝트 리더는 어떠할까? 매우 성과 지향적이기는 하지만 전략적이지 못한 경우가 많다. 무모하리만큼 프로젝트 범위를 늘여 핵심 가치가 아닌 양으로 승부를 걸기도 하며, 가치를 위한 논쟁이 아닌 보이기 위한 책임 회피성 이슈만을 제기하기도 한다. 프로젝트 리더가 혁신 사상을 설파하지 않고 조직의 핵심 리더를 키우는 것도 아닌 잠시 군대에 와 있는 듯한 표정으로 시간이 가기를 기다리는 듯한 자세를 보이기도 한다. 혁신 팀의 사상에 몰입하기보다는 상황에 따라 바뀌는 분위기에 집중한다.

혁신 팀 리더는 리더를 키워야 하며, 동시에 전략적이어야 성과를 거둘 수 있다. 혁명군이 사상적으로 뛰어나나 성과가 없다면 문제가 있는 조직이다. 성과는 혁명군을 지탱하는 핵심 요소이다. 따라서 프로젝트 단계마다 거두는 성과는 매우 중요한 활력소가 된다.

혁신 프로젝트로 본다면 혁신 사상에 심취한 사람들을 상대로 일견 혁신 사상을 이야기할 정도여야 하고, 이해 당사자들을 설득하고 지원을 얻어 낼 수 있어야 하며, 성과 중심적이고 주도적이며 리더를 키워 낼 줄 아는 사람이어야 한다. 만약 부족한 무엇이 있다면 참모들을 통해 얻어 가야 한다. 조직의 스폰서가 없다면 자원의 문제를 해결해 줄 스폰서를 찾아다니며 조직의 리더십을 확보해야 한다. 혁신의 성과를 얻기까지는 여러 어려움을 헤쳐 나가며 성과를 거두는 리더십을 보여 주어 진정한 팔로우십을 얻어 가야 한다.

혁신 리더의 조건　　　　　　　　　　INNOVATION TIP!!

1. 성과 중심의 평가.
2. 전략 전술.
3. 가치에 대한 확신과 논리성.
4. 조직을 움직이는 역량과 노력.
5. 혁신 성공을 위한 자원 지원인 스폰서 확보.
6. 조직을 혁신에 몰입시키기 위한 사전 전략 수립.
7. 중간 리더를 키워 나가는 역할 수행.
8. 7을 통해 조직이 혁신에 대한 중요한 성공 체험을 가질 수 있도록 점검 및 지원 독려.

04
혁신 군사 차출의 어려움

혁명군은 우수해야만 한다. 그래야 어려움을 헤쳐 나갈 수 있다. 그러나 항상 우수한 인력만 있는 것은 아니다. 오히려 혁명군은 항상 인력 부족을 느낀다. 어떤 경우든 혁신 사상에 물들어 있는 것이 참여의 전제 조건이 된다. 핵심 인력이 혁신 사상에 투철해야 한다는 점이 중요하다.

전장에서 중요한 것은 장수이나, 장졸 역시 항상 아쉬운 법이다. 누군가 변화를 이뤄 내려 한다면 절대 다수의 군사가 있어야 한다. 여러 힘이 모여야 비로소 변화가 시작될 수 있다. 그러나 시작은 미약할 수밖에 없고 모든 장졸들이 다 준비된 것이 아닐 수도 있기에 이러한 것들은 극복해야 한다. 역량 부족을 극복하는 방법은 끊임없는 교육을 통한 사명감 고취이다. 그리고 혁신 경험을 통해 혁신 역량을 갖추어 가는 것이다. 즉 혁신은 만들어 가는 것이지 주어진 것이 아니라는 것이다.

  그리고 조직원의 일부가 동의하기 시작하면, 비로소 힘을 가지게 되고 체계를 요구하게 된다. 그때까지는 어려움을 헤쳐 나가야 한다. 그만큼 힘든 것이지만 그들에게 주어지는 것은 새로운 가치이며 변화된 상황을 관리할 수 있는 새로운 권한을 가지게 된다.

  따라서 지속적인 변화 이미지에 대한 교육은 절대적으로 필요하다. 장기 변화에 대한 모습은 변화 이후의 미래 희망으로 만들어 가며 때론 발전해 간다. 명확히 주어지는 경우도 있지만 그러하지 않은 경우도 있다. 개개인의 상상에 주어지기도 한다. 조직원에게 미래 비전은 변화의 동인이 된다.

  조직에서 우수한 인력을 가지고 혁신 팀을 꾸리는 것은 쉬운 일이 아니다. 기존 조직에서 성과를 내기 위해 우수한 인력을 내놓으려 하지 않기 때문이다. 하지만 혁신의 성공에 혁신 팀원만큼 중요한 것은 없다. 우수한 인력이 우수한 결과를 가져올 수 있기 때문이다. 그렇지 않은 경우 기존 조직의 신뢰도 받지 못하고 혁신 성과도 그만큼 제한적일 수밖에 없다. 아울러 극심한 스트레스를 견디기 위해서 또한 가치 중심적인 팀원으로 만들기 위해서도 핵심적인 역할을 감당할 인력들은 우수한 인력이어야 한다. 그래야 위기와 어려움을 극복하고 혁신의 초심을 유지할 수 있다.

  우수한 인력이 만든 미래 모델도 때론 반대에 부딪치는 경우가 많은데 그렇지 않은 인력이 기존 멤버들을 설득해 내기란 매우 어렵다. 선도적 인물들이 새로운 비전을 만들고 현실적 대안을 제시하면서 기존 멤버들을 설득해 나가야 한다.

따라서 혁신 프로젝트에서는 인력 투입에 제한을 두기도 한다. 고과 점수가 낮은 인력은 방출해 버리기도 하며, 프로젝트 진행 과정에서 현업에 복귀시키기도 한다. 그리고 혁신이 끝난 후 혹은 중간 과정에서 인사 고과에 가산점을 주기도 한다. 이러한 과정은 혁신 참여로 인한 성과 독려를 위함이기도 하지만, 보다 중요한 것은 바로 우수한 임직원들이 혁신에 대한 기대감을 갖게 하기 위함이다. 혁신에 참여한 인력들에겐 고과에서 유리한 점수를 줄 뿐 아니라 자신이 가고 싶어 하는 부서로 갈 수 있게 배려하고, 혹은 프로젝트에 참여하는 것을 임원 승진 과정의 한 과정으로 이해시키는 것이다. 조직원으로 하여금 조직에서 성장하려면 바로 혁신에 참여해서 조직에 보탬이 되어야 한다는 마음을 가지게 하는 것이다. 그리고 미래 모델 제시 같은 프로젝트 중간 과정 발표 회의에서 그러한 기회를 평가받게 하는 것이다.

많은 경우 혁신 참여를 기존 조직에서 방출되거나 고생만 하고 대가는 적은 불행한 사례로 생각하는 경우가 많다. 프로젝트 참여 자체가 더 큰 경쟁과 고생스러운 생활일 뿐 전혀 자신에게 보탬이 되지 않는다고 믿는 순간 혁신의 성과는 제한적일 수밖에 없다. 어느 기업은 혁신이 끝난 뒤 프로젝트 관리자가 임원으로 승진하고 파트 리더들이 대부분 특별 승진을 했으며 팀원에게는 원하는 부서로 돌아갈 수 있게 하여 주위의 부러움을 사기도 하였다.

그러나 또 어떤 기업은 차출된 인력이 돌아갈 조직이 없어 프로젝트 말미에 돌아갈 부서를 알아보게끔 만들고 혁신의 마무리를 소홀하게 만들기도 하며, 돌아갈 조직이 없어서 별도의 후속 프로젝트를 인위적으로 만드는 경우도 생겼다. 우수 자원을 투입하여 만든 혁신 조직과 그 용사들을 어떻게 활용할 것인가는 꼼꼼히 준비하고 점검해야 할 문제이다.

고가의 전투기를 수입하여 고가의 훈련 비용을 감당한 조종사들을 놀게 하거나 홀대해서 다시 육군병으로 전출을 보낸 장군이 있다면 문제가 많은 장군일 것이다. 그러나 경영 혁신 현장에는 이러한 경우가 의외로 많다는 점을 주목할 필요가 있다. 혁신 과정은 매우 값비싸고 중요한 훈련 과정이다. 조직에서는 지속적 성장을 위해 반드시 확보해야 하는 핵심 역량이다. 혁신 인력들은 매우 중요하게 관리되어야 할 부분임에도 혁신 프로젝트 팀은 남들 대신 고생하는 곳으로 생각하고, 적당한 수준의 성과를 내는 정도에서 만족할 수도 있다. 이는 바로 핵심이 아닌 껍데기 혁신만을 조장하는 조직 분위기와 리더십 탓이다. 여러 혁신 과정을 겪었음에도 성과는 미미하게 만드는 주된 요인이며, 혁신 과정을 통해 성장·발전하기는커녕 혁신에 대한 내성만 키워 더 큰 문제를 만들어 내는 우를 범하는 과정이기도 하다.

혁신 리더의 조건 INNOVATION TIP!!

1. 혁신 멤버들을 차출하는 것은 혁신 성공의 50퍼센트를 좌우한다. 우수한 인력이 우수한 결과를 가져올 수 있음을 무시해서는 안 된다.
2. 그중 핵심 인력들이 조직의 기둥이 된다. 한 파트의 우수한 인력 한 명은 반드시 필요하다. 오히려 둘은 문제가 될 수 있으나 우수한 인력 하나가 없다면 아무리 많은 인력도 혁신을 성공적으로 수행해 내지 못할 것이다.
3. 따라서 각 파트를 책임질 장수들은 심사숙고하여 선정하여야 한다.

05
혁신 조직이 상한이다

혁신 조직의 멤버들은 모두 선구자가 되어야 한다. 아니 선구자로서 부름을 받은 사람들이다. 조직 전체를 위해 선택된 자이고 그러기에 사명을 가지고 있다. 스스로 사명감을 가져야 하고 조직 역시 그들에게 그것을 요구하여야 한다. 그래서 특권도 있고 임무도 있다. 그러나 그러한 선구자에게 거는 기대가 약하면 약할수록 결과는 작아진다. 혁신을 하는 자들에게는 거기에 맞는 기대감이 주어져야 한다. 그리고 그 기대감을 부담스러워하는 혁신 조직의 혁신 마인드가 전체 조직의 변화의 한계가 된다. 우수한 인력을 차출하는 어려움은 이해하지만 의지를 가진 자, 그중에서도 뭔가 핵심을 알고 변화를 이뤄 낼 수 있는 자들이 필요하다. 오히려 뛰어남보다는 커뮤니케이션이나 설득력이 더 중요하고, 날카로움보다는 의지가 더 중요하다. 현실적 변화를 위해서이다.

초기에는 혁신 조직의 팀워크에 어려움을 겪는 경우가 많다. 팀워크 설문 조사를 해 보면 당장 알 수 있다. 그도 그럴 것이 조직 내에서 가장 우수한 인력을 나름대로 차출해 놓다 보면 서로 자존심이 강해 혁신 조직에 대한 운영에 대해서 비판적일 수도 있기 때문이다. 각자 의견이 강하여 통일되기 어려운 경우가 생기는 것이다.

혁신 조직에 집중해야 하는 이유는 혁신 조직의 의식이나 마인드가 조직의 상한 한계치라는 점 때문이다. 혁신 조직이 바뀌지 않고서는 전체 조직을 바꿀 수 없다. 앞서 달리는 말이 올바로 방향을 잡지 못하면 뒤따라오는 말들은 당황하게 된다. 앞선 말들이 우수해서가 아니라 단지 그들이 앞에 있다는 이유만으로도 그들은 책임을 느낀다. 그러기에 혁신 조직은 변화와 혁신의 가장 중추적 역할을 하게 된다.

그들은 눈빛도 달라야 하며, 조직원을 대하는 자세도 달라야 한다. 뭔가 사명을 가지고 매진하는 모습을 보여야 하며, 사람들은 그러한 그들을 보고 혁신에 대한 방향에 신뢰를 보낼 것이다. 혁신 팀 내부에 여러 산적한 문제가 많을 것이다. 그러나 조직원에게는 희망과 용기 그리고 자신감으로 전달되어야 한다. 실패의 가능성을 비추어서는 안 된다. 전장에 임하는 장군에게는 여러 난관이 앞을 가로막고 있다. 그러나 전쟁에서 승리하지 않으면 안 되는 막중한 임무 때문에 모든 것을 다 장졸들과 커뮤니케이션하는 것은 아니다. 질 수 있다는 가능성은 절대로 이야기해서는 안 된다. 전쟁에서는 무조건 이겨야 하기에 사기는 그만큼 중요하고 사기에 영향을 미치는 커뮤니케이션 역시 매우 중요하다.

　내부적으로 여러 이슈들을 해결해 나가면서 조직원에게는 힘을 주고 혁신의 성공을 다짐해야 한다. 그러한 도전 정신은 안 되는 일도 되게 만드는 기적을 만든다. 혁신 조직이 이건 무리라고 한계를 정하는 주제는 절대 현업을 설득하기 어렵다. 설령 마음속으로는 무리다 싶은 것도 해 보자고 다짐해야 뭔가 얻을 수 있는 것이다. 그래서 처음에는 쉽지 않을 것이라 생각한 일도 조직의 힘으로 되게 만드는 것이다. 모두가 힘을 합하고 된다고 믿을 때 그러한 믿음들이 모여 기적을 만들어 내는 것이다. 그리고 그러한 기적들을 만들어 내는 것이 혁신 팀이다. 그러기에 혁신의 용사들은 새로운 목표를 성취해 나가는 조직의 신진 리더들이다. 미래에도 그들은 기존 조직이 해내지 못한 일들을 하나씩 둘씩 해낼 또 다른 기록을 만들어 낼 것이다.

　조직과 커뮤니케이션하는 것 역시 일종의 협상이다. 협상에 임하는 자는 높은 목표를 가져야 한다. 그리고 합의를 이끌어 내면 그 목표에 맞게 혁신은 이루어진다. 혁신은 의지의 수치와 비례한다. 의지를 높여야 혁신의 성과도 많은 것을 이뤄 낼 수 있다.

　현업을 대할 때 미리 조건을 준비하고 접근하는 것도 전략이다. "이번에는 우리의 의지를 보여 주자", "할 수 있다는 자신감을 전달하자"는 식의 구호도 좋은 효과를 낼 수 있다. 혁신 업무에서 무슨 일이든 자동적으로 되는 것은 하나도 없다. 다 조직원 개개인이 뭉쳐진 힘으로 만들어 가는 것이다. 조직원의 조건 즉 "해 보자", "할 수 있다"라는 조건이 현실을 만들어 낸다. 현업의 상황을 인정하고 동조해서는 안 된다. 어쩔 수 없이 양보하더라도, 이번은 어쩔 수 없지만 우리가 지향하는 방향은 이 방향이 옳다고 주장을 굽히지 않을 정도가 되어야 한다. 그렇게 말한 사람들이야말로 바로 다음번 혁신에서 동일한 방향의 혁신에 도전하여 마침내 성공을 이루어 낼 것이기 때문이다.

혁신 리더의 조건 INNOVATION TIP!!

1. 혁신을 추진하면서 가장 중요한 변화의 대상은 사실 일반 임직원이 아닌 혁신 조직이다. 오히려 임원층보다 더 중요한 것이 혁신 조직이다.
2. 혁신 조직이 대안을 만들어 기존 임원들을 설득하는 경우가 다반사이다. 혁신을 추진하는 리더의 강인한 의지와 그 의지를 신뢰하고 따라가는 조직이 혁신 조직이다.
3. 혁신 조직원은 혁신 리더의 분신이라 할 수 있다.
4. 조직 내 그 어떤 집단보다 보호하고 성장시키고 역량을 강화할 대상이 혁신 조직이다.
5. 혁신 조직의 변화 마인드를 높이지 않고서는 전사(全社) 변화 마인드를 절대 높일 수 없다.

06 혁신에 대한 비전과 보상

프로젝트 팀원으로 차출된 인력들은 크게 세 가지 걱정을 하게 된다.

첫째, 부담감이다. 혁신을 추진하는 일은 적지 않은 부담감을 가질 수밖에 없다. 효과를 크게 내려면 모험을 해야 한다. 많은 이해 관계자들을 설득해야 한다. 기존의 관행을 깨야 한다. 컨설턴트들이 이야기하는 선진 사례를 사내에 정착시키기 위한 산고의 고통이 필요한 것이다. 기존에 시도해 본 그러나 전사적 협력이 없이 실패한 일을 다시 시도해 봐야 하는 것이다. 본인이 임원도 아니고 다만 프로젝트의 사명감으로 컨설턴트의 논리적 지지를 받아 옳다고 하는 바를 밀어붙이는 것이다. 부담스럽고, 진행하다 다른 의견이 나오면 피하고 싶다. 절충하고 싶고 장기적 과제로 가져가고 싶다. 임원이 반대라도 하면 임원의 반대를 극복할 힘이 부족하다.

둘째, 사후가 걱정된다. 현업에서 혁신 프로젝트 팀으로 이전하였다. 다음 자리가 보장이 되는지 혹 다음 이력에 어떤 영향을 미칠지 걱정이 된다. 돌아갈 자리가 없다면 혹은 혁신에 실패해서 고생만 하고 성과가 없으면 무의미한 도전이 될 수 있다. 그래서 오히려 기존 조직의 장에게 눈치가 더 보이는지도 모른다. 내가 보다 오래 있어야 할 부서에 마음이 더 가는 것이 사실이다.

셋째, 혁신을 추진하다 보면 지칠 때가 있다. 개인적 보상이 적어 보이고 손해만 본다고 느껴질 때도 있다. 승진 철이 다가오면 괜히 혁신 팀에 와서 경쟁만 더 치열한 것 아닌가 하는 생각이 든다. 야근을 밥 먹듯이 하다 보면 무슨 이유 때문에 이 고생을 하는지 모른다고 생각되기도 한다. 올바른 일을 하기에, 바른 방향이기에 맞다고 생각하지만 운이 나빠 손해 보고 있다고 느낄 수 있다.

혁신을 위한 보상과 꿈, 그리고 미래가 이를 추진하는 사람들에게 제공되어야 한다. 개인적 보상은 없고 회사만 이익을 남긴다면 혁신을 시작할 마음이 줄어들 수 있다. 혁신 성공을 위해서는 혁신의 주체인 프로젝트 팀원에게 꿈과 미래를 주기 위한 촉진제가 필요하다. 그리고 거기에 혁신의 의미가 더해지고, 사명감이 더해져 역량을 배가시킬 수 있게 된다. 즉 열정을 바칠 수 있는 대상이 된다.

수년간 개선되기를 바랐지만 여전히 개선되지 못한 부분을 스스로 주체가 되어 개선하는 기쁨을 맛보고, 그 과정에서 희열을 느끼며, 스스로에게 보람을 가질 수 있게 하는 순수한 마음으로 혁신 업무에 총력을 다할 수 있다. 여기에 조직은 제도적인 측면에서 지원해야 한다. 그러한 측면에서 혁신에 대한 열정을 더 촉진하기 위해 혁신에 대한 올바른 평가와 보상은 매우 중요하다.

혁신에 대한 열정은 조직의 관습을 바꿀 수 있다. 회사가 어디로 가야 하는가를 판단하는 일은 어렵지만, 세부 업무에서 어떤 부분을 고쳐 나가야 할지에 대해서는 많은 사람이 공감하는 경우가 많다. 정작 중요한 것은 여러 반대가 있다 하더라도 무엇부터 고쳐 나가야 하고, 어렵고 힘들지만 모두가 그러한 방향으로 움직이도록 구조적인 장치와 시스템을 만들어 내는 것이다. 이러한 여건 조성 능력은 실행 능력을 갖추어 실질적 성과를 거두는 핵심이 된다.

변화를 주창하다 보면 그로 인한 우려를 쏟아 내기 마련이다. 조직 전체적으로 얻는 것이 많더라도 개개인에게 피해가 있다면 사람들은 선뜻 찬성하기 어려운 것이다. 사람들은 변화를 반대하는 것이 아니라 판단을 유보하고 있다는 말이 있다. 이는 대부분의 조직 변화가 거의 모든 경우 파워의 변화를 수반하게 됨을 뜻한다. 개개인의 경우 이 파급 효과를 파악하지 못하기 때문에 더더욱 변화에 민감해지고 거부감을 자연스럽게 가지게 되는 것이다. 돌이킬 수 없는 변화라면 빨리 동참하고 판단하는 것이 유리하지만 대부분의 경우 정보 부족으로 인해 판단을 유보하는 상태에서 조직적으로는 거부의 형태로 나타나게 된다.

대부분 새로운 변화를 맞이해 따져 보고 이해를 해야만 용납할 수 있다는 입장을 고수하게 된다. 따라서 혁신 팀은 조직원과 많은 커뮤니케이션을 해야 할 필요도 있지만 경우에 따라서는 과감히 밀어

붙여야 할 필요도 있다. 모두를 이해시키기 위한 시간이 무한정 제공되지 않기 때문이다. 조직이 혁신 성과에 신뢰를 가질 때야 비로소 혁신 속도는 빨라진다. 그렇지 않은 경우 더 많은 커뮤니케이션 비용이나 변화 시행착오 비용을 물어야 한다.

무언가 변화를 추구한다는 것은 어려운 일이다. 이를 리드하는 사람들 역시 마음의 짐을 가지고 있다. 설득해 내고 잡음을 감내하려는 마음이 있고, 끝끝내 성과를 보이고 말리라는 의지를 가져야 한다. 내가 옳았고 선각자이며 리더라는 마음을 가져야 할 수 있는 일이다. 그러기 위해 꿈이 필요하다. 여기서 말하는 꿈은 보상만을 의미하지 않는다. 미래의 개선된 이미지를 포함한다. 조직 생활을 하면서 업무적으로 개선되기 바랐던 일들이 아주 조금씩이라도 변화를 가져오고 그것이 중요한 성과로 연결되는 것을 보는 그러한 비전이 있어야 어려움을 이겨 낼 힘을 가지게 된다.

혁신에서 가장 어려운 부분은 바로 정신적 피로감이다. 해야 할 업무도 많지만 정작 조직에 새로운 체계를 구현해 내는 부담감과 이를 설득해 내는 피로감이 가장 큰 부담감이다. 업무를 하다 보면 업무 자체보다 이러한 일이 더 피곤하고 어려운 일임을 알게 된다. 서로서로 격려하고 조직의 리더들이 지속적 관심과 지원을 보장해 줄 때 조기 성과와 더불어 지속적인 혁신의 문화가 조직 내에 정착되는 것이다.

혁신 리더의 조건   INNOVATION TIP!!

1. 혁신을 추진하는 타당성과 논리만으로 혁신은 이루어질 수 없다. 조직원은 어쩌면 혁신의 의미와 타당성에 대해 더 잘 느끼고 있는지도 모른다.
2. 악순환의 고리를 끊고 새로운 선순환을 만들어 내기 위해서는 이해 당사자들의 협조가 필요하고 힘의 조율이 필요하다.
3. 변화를 위해서는 이해 당사자들 사이를 조율하고 주도하는 프로젝트 팀원이 필요하다. 그러나 이들은 업무적 어려움, 관계 조율의 어려움, 일정 상의 어려움과 성과에 대한 스트레스를 이겨 내야 한다.
4. 여러 어려움 때문에 프로젝트 팀에 발령받은 멤버들은 미래의 불안감과 손해를 볼 수도 있다는 피해 의식을 가질 수 있다. 따라서 프로젝트 팀원의 부담감을 제도적으로 제거해 주어야 한다.
5. 혁신 리더는 팀원의 어려움을 어루만지되 혁신가들의 사명감과 미래 비전을 향해 지속적으로 전진하도록 동기 부여해야 한다.

07 그들도 끊임없이 무장해야 한다

혁신을 하다 보면
지치기도 하고 초기에 가졌던 사명감을 상실하기도 한다. 기존 조직에 되돌아갈 수 있을까를 걱정하기도 한다. 그러나 중요한 것은 어차피 참여한 혁신에서 무언가 얻어 가야 한다는 것이다. 혁신과 관련된 핵심 역량을 확보하지 못한다면 고생한 의미가 없다. 고생한 만큼 조직에서 새로운 실력자로 인정받아야 하고 전사적 업무에 대해서 새로운 정보 기술이나 앞선 업무 프로세스에 대해서 역량을 쌓아야 한다. 무엇보다 임원들이 가질 만한 고민거리들을 컨설턴트와 같이 고민하면서 회사의 진정한 발전 방향을 고민할 기회를 가지는 것은 조직 생활에서 더없이 좋은 기회가 된다. 그리고 최선의 선택에 대한 의사 결정과 대안들을 마련하면서 미래의 리더로서 중요한 핵심 역량을 키워 갈 수 있다.

프로젝트 팀원이 혁신에 참여하면서 얻게 되는 효과는 크게 일곱

가지로 나누어 볼 수 있다.

첫째, 혁신 과정을 전체적으로 이해하게 된다. 혁신의 어려움, 변화 관리의 중요성, 프로젝트 관리 또는 혁신 방법론의 습득, 리더십과 효율적 커뮤니케이션 등을 이해하게 된다. 현황을 분석하고 미래 모델을 설계·구축하여 실현하고 이에 맞추어 제도나 규칙을 바꾸는 과정을 이해할 수 있다. 또 설계 내용을 검증하고 사내에 전파·교육하고, 초기 혼란을 안정화시키며 성과를 관리하는 혁신 전반의 과정을 이해하게 된다. 이러한 혁신에 대한 이해는 향후 지속적인 업무 성과 향상에 매우 귀중한 경험이 되며 향후의 혁신에서도 성공 가능성을 더욱 높여 주는 기반이 된다.

둘째, 회사의 최고 의사 결정에 참여하게 된다. 혁신 과정에서 임원들에게 혁신 방안에 대한 보고를 할 기회도 가지고 이를 연구할 기회도 주어진다. 컨설턴트의 도움을 받아 회사의 임원들이 1년에 한두 번 할 만한 다양한 혁신 주제들을 단기간에 연구하고, 대안을 마련하여 보고하며, 의사 결정을 받는다. 임원의 역할과 유사한 의사 결정을 회사 차원에서 고민하고, 최적 대안을 만들어 볼 수 있다. 이러한 과정이 향후 조직의 리더로 성장하는 데 매우 중요한 경험이 될 것은 두말할 나위도 없다.

셋째, 이러한 대안 선정의 과정에서 현실을 보다 면밀히 파악하고 고민을 통해 문제를 해결하는 문제 해결 능력을 키울 수 있다. 비즈니스 관점, 조직 관점, 실천적 관점에서 최적의 대안을 만들어 나가며 문제 해결 능력을 키우게 된다.

넷째, 팀워크와 커뮤니케이션의 중요성을 알고 이를 실천한다. 프로젝트에는 다양한 구성원들이 참여하며 외부 인력이나 정보화 인력 등이 참여할 수도 있다. 또 현업의 의견을 들어야 할 경우도 있다. 이렇듯 의사 결정에 중요한 다양한 이해 관계자와 의사소통하고 팀워크를 바탕으로 업무를 추진해야 하기 때문에 팀워크 및 커뮤니케이션 능력 향상의 좋은 기회가 된다. 주어진 기간 내에 다른 이해 당사자를 설득하는 일은 매우 스트레스받는 일이지만 설득 논리를 개발하는 중요한 트레이닝이 되기도 한다.

다섯째, 회사에서 인정받을 수 있는 기회가 된다. 혁신 팀에 차출된 것만으로도 중요한 의미를 가질 뿐 아니라 현황 분석과 미래 모델 설계 및 구축 안정화의 과정에서 자신의 숨은 역량을 드러낼 기회가 수도 없이 많다. 어떤 경우는 최고 경영자 앞에서 발표를 하고 전사 관점의 이슈를 논의하면서 자신의 역량을 인정받을 수 있는 기회를 얻기도 한다.

여섯째, 회사 전체 관점의 이해를 높일 계기를 가진다. 전사 혁신의 경우 회사 전체 관점의 업무 흐름이나 제도 등을 검토하고 해당 분야와 상호 연관성을 많이 따지게 된다. 이를 통해 회사 전체의 시각을 가지게 되고 회사 임원의 관점에서 어떻게 문제를 바라보고 접근해야 하는지를 알게 된다.

　일곱째, 선진 기술을 습득하기 쉽다. 혁신 팀은 최신 경영 기법이나 선진 사례를 접할 기회가 많고 이를 통해 선진화된 기술을 익힐 기회가 많다. 아울러 이를 현업에 적용시키는 일에도 참여하게 되어 가장 앞선 기술을 이해하고 적용하는 기회를 얻게 된다.
　전문 컨설턴트가 투입된다면 그 컨설턴트가 경험한 다양한 경험을 간접 경험할 수 있고 선진 업무 방향에 대해서도 지식을 습득할 수 있다. 아울러 그 컨설턴트의 혁신 업무 추진 역량도 벤치마킹할 기회를 얻게 된다.

　이렇듯 다양한 혁신의 이점을 바탕으로 혁신 프로젝트를 통해 프로젝트 팀원은 역량을 배가시킬 수 있다. 혁신의 결과는 사람에 의하여 이루어진다. 성공도 실패도 모두 사람과 관련된 이슈들이다. 혁신 팀이 구축하는 새로운 제도나 시스템 역시 사람들의 업무 효율을 위한 도구이기 때문에 진정한 혁신의 결과는 혁신에 참여한 구성원의 변화된 역량이라 할 수 있다.
　새로운 변화와 혁신의 과정에서 훈련받은 프로젝트 팀원과 그리고 혁신이라는 조직적 학습을 경험한 조직원의 역량이 배가되어 성과 향상이라는 산물을 얻는 것이다. 이 학습 과정에서 시행착오도 겪고 어려움도 겪지만 혁신이 성공으로 끝날 경우 조직이 얻게 되는 성공 체험의 효과는 매우 크다. 혁신과 조직적 단합의 경험을 바탕으로 지속적으로 혁신을 추진할 매우 중요한 자산이 된다. 따라서 혁신 과정에 대한 보다 세심한 배려와 전략적 접근이 필요하다. 그런 의미에서 혁신의 성공 경험은 혁신의 성과 향상이라는 결과보다 더 큰 의미를 가진다.

따라서 전략적으로 성공 가능성이 높은 주제들을 먼저 추진하고 그리고 혁신 추진 팀의 역량 개발을 위한 지속적 배려도 필요하다. 조직에서 특별 대우를 받는다는 느낌을 가져야 한다. 새로운 역량을 배울 기회를 주고 또 그들 스스로 역량 배가의 기회를 활용할 수 있도록 도와주어 자발적 혁신이 유도되도록 해야 한다.

혁신 리더의 조건 INNOVATION TIP!!

1. 혁신을 결과 위주로 볼 것이 아니라 과정적 측면에서 혁신 팀의 역량 배가의 중요한 수단으로 인식할 필요가 있다.
2. 혁신은 새로운 리더십을 확보하는 과정과 혁신 팀을 통해 역량을 배가하는 과정 그리고 임직원의 단합의 과정이다.
3. 성과 역시 혁신의 산물이나 더 중요한 것은 성공을 경험하며 역량이 향상된 조직이다.
4. 보다 적극적인 프로젝트 팀 역량 관리를 위해 인사의 지원을 받을 필요가 있다.

08
혁명군 파트너십

혁신을 추진하다 보면
자력으로 추진하기 어려워 외부 인력의 도움을 받는 경우가 많다. 흔히 컨설턴트라 불리는 외부 인력들이다. 그들은 높은 임금을 받고 또 전문적으로 그 일을 추진한 경험이 많아 자사에 맞는 지식과 정보를 제공해 줄 것으로 기대된다. 그러나 실상 컨설턴트가 모든 일을 대행해 줄 것이라고 믿는 순간 역량 이전의 가능성은 적어지게 된다. 아무리 운동을 잘하는 코치를 선발해도 내가 연습하지 않으면 아무 의미가 없듯이 컨설턴트가 문제를 다 해결하게 놔둔다면 그 프로젝트 팀원 역량은 향상될 수 없다.

컨설턴트를 용역 직원으로 또는 용병으로 혹은 코치로 생각할 것인가에 따라 그들의 행동은 달라질 것이다. 용병으로 생각하고 온갖 어려운 일을 맡기면 그들은 아무리 용맹하게 보여도 목숨을 거는 일은 하려 하지 않을 것이며, 용역 직원으로 생각한다면 주어진 일과

시키는 일만 하려 할 것이다. 그러나 코치로 대한다면 뭔가 가르쳐야 한다는 부담감을 가지고 가르칠 준비를 할 것이다. 코치는 혹 자신이 부족하다 느끼면 다른 코치에게 물어서라도 가르치는 일을 잘하기 위해 노력할 것이다. 코치는 선수보다 운동을 꼭 잘할 필요는 없다. 좋은 점수는 선수가 해야 할 몫인 것이다.

그러므로 컨설턴트를 어떻게 대하느냐에 따라 얻을 수 있는 것도 매우 달라진다. 혁신 팀원은 가장 이익이 될 것을 선택해야 한다. 그것이 투자의 가치를 극대화하는 길이다.

컨설턴트가 지닌 역량을 잘 습득하려면 그들이 가진 전문성을 미리 파악하고 그 전문성을 얻으려 적극적으로 노력해야 한다. 모든 것을 다 잘하는 컨설턴트가 파트너라면 더할 나위 없이 좋겠으나 그렇지 않은 경우도 있을 수 있다. 특정 분야의 전문가일 뿐 다른 부분에서는 전문 지식이 한정적일 수도 있기 때문이다. 중요한 것은 그들이 가장 전문적이라 자부하는 부분의 전문 지식을 어떻게 잘 습득하느냐이다.

미래 모델을 설계하고 이를 경영진과 임원진에게 발표하는 일에서 컨설턴트의 역할이 가장 잘 나타난다. 임원진에게 맞는 발표 장표를 만드는 일은 컨설턴트가 더 잘할 것이다. 그러나 발표를 잘한다고 발표마저 컨설턴트에게 맡겨 버리면 정작 중요한 자사의 혁신을 남에게 맡기는 꼴이 된다. 컨설턴트에게 장표 만드는 일을 도와달랠 수는 있어도 발표마저 하게 할 수는 없는 까닭이 여기에 있다. 그들은 장표를 잘 만들고 조언을 할지언정 발표를 해서는 안 된다.

또 프로젝트 파트의 리더들이 발표하기로 결정했다면 적어도 발표 자료의 문구는 발표자가 스스로 작성하지 않으면 안 된다. 남이 작성한 문구를 읽는 듯한 모습을 보이게 되면 오히려 신뢰성을 상실하기 쉽다. 자기 발표 자료의 문구는 자기가 최종 작성하고 수정해야 한다.

또, 컨설턴트가 미래 모델을 발표하게 되면 임원들은 그들의 말을 찰떡같이 믿고 그 방향으로 가려 할 것이다. 그러나 실무적 고민은 다른 문제일 수 있다. 오히려 혁신 담당자들이 발표를 담당하고 현실에 맞는 멘트 등을 삽입하는 것이 회사를 위해 더 바람직하다.

필자의 경우에는 현명한 한 프로젝트 관리자가 미래 모델 설계 발표를 위해 한 달간 발표 연습만 시키는 경우도 보았다. 혁신 팀이 임원진 앞에서 당당하고 확신에 찬 모습으로 발표하는 장면은 조직 전체에 신뢰를 주고 혁신 추진의 지지를 얻기에 충분했다. 매우 인상 깊은 경험이었다.

프로젝트 참여 인력이 대외적으로 발표할 기회를 많이 가지면 가질수록 리더로서 역량이 증대될 뿐 아니라 조직에서 자신이 전문가라는 인정을 받을 수 있는 기회가 된다. 그래서 거의 대부분 프로젝트의 경우 미래 모델 발표 이후 스타가 탄생하기도 한다. 임원의 칭찬을 받고 최고 경영자의 주목을 받을 수 있는 좋은 기회이기 때문이다. 그러나 모든 혁신 팀원이 이러한 기회를 선용하는 것은 아니다. 일부는 회피하며 일부는 기회에 앞서 준비하지 않거나 일부는 망쳐 버리기까지 한다. 기회는 잡는 자에게는 금은보화이지만 놓쳐

버리는 자에게는 후회와 탄식이 될 수 있음을 알 필요가 있다.

발표를 마친 혁신 팀원의 마음에는 항상 안타까움이 남는다. "더 잘할 수 있었는데…… 좀 더 연습할걸……."

또 컨설턴트에게 보다 적극적으로 지식을 전수받기 위해서는 사전에 지식 전수 프로그램을 만들어 진행할 수도 있다. 역량 전수를 공식화하고 주기적으로 점검받게 하는 것이다. 이 방법은 형식적으로 흐를 수 있는 단점도 있지만 의외의 결과를 가져오기도 한다.

혁신 리더의 조건　　　　　　　　　　　INNOVATION TIP!!

1. 혁신이라는 조직적 학습을 통해 참여 인력의 역량이 배가된다. 혁신의 어려운 과정들을 극복하는 과정에서 역량을 배가시키게 되며 혁신 팀원은 가장 소중한 투자 자산이 된다.
2. 혁신 팀원은 부족하다 하더라도 프로젝트를 리드해 가며 선진 기술을 배우고 컨설턴트들을 통해 역량을 전수받을 것이다. 그 경험이 혁신의 가장 중요한 산물이다. 그리고 그 경험을 토대로 미래의 혁신이 이어질 것이다.
3. 혁신은 성과를 위해서도 존재하지만 조직을 성장시키는 데에서도 매우 중요한 역할을 담당한다.

09
혁신의 핵심은
이슈에 대한 의사 결정이다

혁신 프로젝트 관리의 핵심은 무엇일까? 산출물을 제때 잘 만들어 내는 것일까? 또는 시스템을 잘 만들어 내는 것일까? 아마도 일정 관리가 핵심이라 생각할 수 있지만 핵심은 이슈 관리이다.

어느 신참 프로젝트 관리자의 이야기를 하려 한다. 신참 프로젝트 관리자는 일이 무난히 진행되는 것을 원했고 문제가 발생하지 않기를 바랐다. 그래서 되도록 조용히 프로젝트 팀에서 해결되기를 바랐다. 어느 날 프로젝트 관리 경험이 많은 부사장에게 불려 가서 프로젝트 업무 보고를 하게 되었다.

부사장은 신참 프로젝트 관리자에게 요즘 특별한 이슈가 없는지 물었다. 신참 프로젝트 관리자는 "이슈가 없습니다"라고 대답했다. 그때 부사장은 다시 "정말 이슈가 없단 말인가?"라고 물었다. 다시 신참 프로젝트 관리자는 더 확신 있고 큰 목소리로 "예, 문제 없이 잘 진행되고 있습니다"라고 말했다.

이 업무 보고 이후로 부사장은 큰 걱정을 하면서 이런 말을 했다고 한다.

"이슈가 없다는 것이 더 큰 문제이다. 프로젝트가 어찌 이슈가 없을 수 있는가? 프로젝트는 이슈를 찾아 내고 이슈를 관리하는 것인데……."

이슈가 많다는 것은 문제점을 많이 찾았음을 의미하기도 한다. 이슈는 많았으나 잘 해결해 나가고 있다고 말하는 것이 적합한 말이다. 혁신 과정에 놓인 상당한 이슈들 자체가 중요하다기보다는 그 이슈들을 해결하는 과정이 도약하고 성장하는 과정으로서 더 중요하다. 프로젝트를 이끄는 리더는 이 점에 집중할 필요가 있다. 어떤 경우에는 문제가 많아서 프로젝트 팀원이 어려움을 겪고 있다는 점이 우려의 목소리로 소문날 수도 있다. 그러나 혁신은 원래 이슈가 많은 일이다. 중요한 것은 바로 이슈가 해결되고 있다는 점이다. 즉 이슈에 대한 올바른 시각을 가져야 한다. 이슈를 발굴하고, 큰 이슈는 큰 성장과 효과를 가져올 것이므로 기대감을 가져야 하고 해결을 독려하고 상호 협조해야 하는 것이다.

다만 이슈를 올바로 관리하기 위해서는 이슈를 제기하는 사람에게 해결의 짐까지도 지우는 전통적인 방법에서 벗어나는 것이 무엇보다 중요하다. 그러한 관례가 생기면 이슈를 제기하지 않을 뿐 아니라 해결 가능한 그럴싸한 이슈만 제기하고 또 적당히 해결하려는 편법만 늘어나게 된다. 따라서 진정한 이슈 관리가 아닌 보이기 위한 깡통 이슈 관리가 만들어진다. 소리만 요란할 뿐 핵심이 아니라는 것이다. 변죽만 울리고 혁신에 대한 조직의 내성만 키우는 결과가 올 수 있다.

혁신 리더의 조건   INNOVATION TIP!!

1. 혁신을 올바로 추진하기 위해서는 이슈 관리가 원활히 이루어져야 한다.
2. 얼마나 심도 깊게 이슈가 거론되느냐에 따라 혁신 성공의 질적인 부분이 좌우된다.
3. 사소한 이슈에서부터 전사적 이슈까지 이전 혁신에서부터 반복적으로 제기되는 이슈라면 더더욱 세밀히 점검하여 관리할 필요가 있다.
4. 혁신 프로젝트의 핵심은 이슈 관리이다.

10
혁신 프로젝트의 결과는 사람이다

오래전 필자가 존경하는 한 프로젝트 관리자와 일담이 있었다.

"김 부장, 프로젝트가 끝나면 뭐가 남는지 아나?"
"글쎄요. 프로젝트가 끝나면 아마 시스템이 남을 것 같습니다. 아니면 개선된 업무 프로세스가 남나요?"
"아니야, 프로젝트가 끝나면 사람이 남는 거야. 시스템은 몇 년 지나면 중고가 되고 프로세스도 또 바꿔야 하지만 혁신을 경험한 사람들은 혁신을 경험하고 지속적으로 개선의 의지와 확신을 가지게 되지. 이번엔 더 확실히 바꿔 보고픈 욕심도 가지게 되고. 그러므로 혁신에서 남는 가장 소중한 결과는 혁신을 경험하고 난 자신감 있는 혁신가들이란 말이지……."

참 중요하고도 핵심적인 말이다. 그러나 너무도 쉽게 간과하는 말이기도 하다. 아직도 변화 관리에 그다지 중심을 두지 않는 국내 상황을 보면 여전히 혁신이 바로 핵심 인력을 양성하는 과정임을 인식하지 못하는 기업이 많은 듯하다.

경영 혁신은 성과를 높이고 효율성을 높이기 위해 시행하는 것이다. 그러나 장기적 성장 과정으로 본다면 다른 해석도 나올 수 있다. 성과 향상과 효율성은 기업으로서 지속적으로 추구해야 할 일이며 그러한 성과 향상은 바로 사람에 의해서 꾸준히 이루어진다. 특수 훈련과 같은 혁신 프로젝트를 통해 프로젝트 멤버들이 양성되고, 양성 과정의 결과로 개선된 프로세스나 시스템을 아울러 얻게 되는 것이다. 혁신을 해 보지 않은 사람들은 혁신을 통해 무언가를 바로 얻는다고 생각하지만 지속적으로 혁신을 추진해 온 사람은 프로젝트 결과로 얻는 것보다 더 큰 것 즉 지속적인 발전을 위한 기반 인프라와 이를 수행할 수 있는 사람들을 얻게 됨을 알게 된다.

혁신 프로젝트에서 사람에 대한 관리가 미약한 것은 리더들이 직접 혁신을 수행해 본 경험이 많지 않기 때문이다. 혁신 프로젝트에 경험 있는 프로젝트 관리자가 육성되어야 함은 이 때문이다. 처음 해 보는 혁신 프로젝트라면 우선순위 선정이나 의사 결정에 어려움이 많고 당장 눈에 보이는 것에 집착할 수밖에 없다. 성장과 발전을 위해서 혁신은 불가결하다. 혁신이 아니면 지금의 경쟁 구도를 바꿀 수 없기 때문이다. 그러나 한번 앞서는 것이 아닌 지속적으로 앞서기 위해서는 체질을 바꿔야 하고 경쟁력의 구조를 바꿔야 한다. 그 가운데 가장 핵심은 사람 즉 혁신과 변화의 역량이 있는 조직원이다.

경쟁 기업을 벤치마킹하는 과정에서도 중요한 것은 기업 내에 깔려 있는 경쟁적 문화나 혁신적 방법을 추구하는 전략적 기업 문화이다. 선진 기업들은 당연히 해야 할 핵심 업무를 다른 기업들에서는 간과하고 있는 것이다. 전략적으로 중요한 업무들이 잘 체화되어 있는 기업의 임직원은 핵심에 집중하는 업무로 고부가 가치를 창출하고 그렇지 않은 기업들은 저부가 가치에 자원을 낭비하게 되는 것이다.

혁신이 끝나면 남는 것은 새로운 제도나 업무 프로세스 혹은 정보 시스템이라 생각하지만 더 중요한 것은 혁신을 통해 변화를 체험하고 혁신을 이끌고 새로운 제도나 업무 체계 혹은 시스템 등의 인프라를 활용하는, 그래서 조직 문화를 새롭게 만들어 가는 인력들이다. 그 인력들이 혁신이라는 과정을 통해 한 단계 업그레이드된 새로운 기업 문화를 창출해 나가는 것이고 혁신의 산물인 제도나 시스템은 그 도구가 된다. 또 혁신을 통해 성과 향상이 이루어지면 또 다른 혁신을 위한 기반이 된다. 즉 혁신은 또 다른 혁신의 기반을 낳는다.

혁신이라는 조직적 학습 과정을 경험한 사람들이 혁신의 결과로 만들어진 결과물보다 더 중요하다는 것이다. 어떤 혁신의 주제는 조직에 체화되지 않으면 조기에 성과를 거두지 못하기도 한다. 장기간 양성을 거쳐 획득해야 하고 인내를 필요로 한다. 지속적으로 변화를 추진해 나가는 믿음과 인내 그리고 도전 정신을 가진 사내 인력들과 그러한 분위기를 지지하는 리더십이 필요하다. 성과가 조기에 나오지 않았다 하여 혁신의 방향을 멈추거나 실패로 인식하는 분위기는 싹을 틔우기도 전에 땅을 파 버리는 결과를 낳는다.

혁신은 매우 중요한 기업의 투자 행위이다. 그리고 그 투자의 핵심에는 사람이 있다. 혁신이 끝나면 사람이 남는다는 말은 우리가 쉽게 간과하기에는 시사하는 바가 크다. 사람에 대한 투자가 중요한 이유는 대단위 투자가 소요되는 혁신의 효율성도 효율성이거니와 기업의 핵심 역량을 얻을 절호의 기회를 잃을 수도 있으며 더 나아가 혁신을 거부하는 조직적 내성을 만들 위험성도 가지게 된다. 더 확대 해석하면 성공적 혁신 뒤에는 성공을 경험한 학습 조직만이 남는다고 할 수도 있다. 이렇게 성공을 경험한 조직은 지속적으로 성장·발전할 수 있는 토대가 된다. 외형적인 시스템이나 프로세스보다 더 중요한 것이 바로 성공을 체험한 사람들인 것이다.

임진왜란 때 거북선이 해전을 이기게 했다고 믿는 사람들이 있다. 새로운 도구가 혁신적이기는 하지만 더 중요한 것은 바로 그 혁신 도구를 사용하는 사람들이다. 항상 중요한 것이 사람이지만 잊어버리는 경우가 많다. 시스템을 만지고 새로운 프로세스를 운영하는 것 역시 사람인데도 말이다.

혁신 리더의 조건   INNOVATION TIP!!

1. 혁신을 지속적으로 성장·발전시킬 핵심 인력을 양성하는 것이 혁신이 성공하는 지름길이다.
2. 핵심 인력들은 어려움을 극복하고 난관을 겪는 과정에서 어떻게 해야 바람직한지를 알게 된다. 이미 겪어 봤기에 어떠한 불만을 이야기하더라도 무엇이 중요한가를 이해하고 쉽게 극복해 나간다.
3. 혁신 프로젝트 팀의 인력을 전략적으로 양성하기 위한 계획을 따로 준비해야 한다. 인사의 도움도 필요하고 혁신 인력을 체계적으로 양성할 계획도 필요하다.
4. 전사 임직원에 대한 변화 프로그램을 혁신 이후에도 지속적으로 관리하는 것이 중요하다. 이를 통해 혁신의 조직적 자세를 습득한다. 그리고 무엇보다 혁신을 통해 변화와 혁신의 리더십을 확보하게 된다.
5. 조직 구성원의 변화는 혁신의 가장 중요한 결과물이다.

11
혁명군의 이력 관리

혁신을 추진하는 프로젝트 팀원은 현업의 베테랑들이며 변화를 추구하는 전략가여야 한다. 올바른 방향에 대한 확신으로 가득 차 있고 이를 구현하기를 원하는 강력한 마음을 가져야 한다. 이들은 꿈을 실현하는 사람들이고 이들의 이력은 조직에서 소중히 다루어져야 한다.

그들은 흔히 피해 의식을 느낄 수 있는 조건을 많이 가지고 있다. 기존 조직에서 차출되었기 때문에 돌아갈 자리를 걱정할 수도 있다. 혁신에 대한 결과에 부담을 느끼기도 한다. 향후 경력에 우려를 품기도 한다. 기존 부서에 있었으면 혁신 부서보다 더 편하게 업무를 추진하고 또 안정된 경력을 쌓을 수도 있었다. 그러기에 새로운 혁신 팀의 인력들은 별도로 이력 관리를 지원할 필요가 있다. 인사 부서에서 별도로 혁신에 대한 부담감을 줄여 주고 또 향후 이력을 지원할 체계를 세울 필요가 있다. 이들은 핵심 인력으로 양성되어 미래 리더로 키워 나가야 한다. 혁신을 거치지 않고는 임원이 될 수 없고 리더가 될 수 없는 조직의 기업 문화를 만들 필요가 있다.

따라서 이러한 혁신 팀원은 별도의 인사 관리 지원 아래 이력을 관리해 주어야 한다. 혁신 프로젝트 또한 인력을 차출해서 혁신 의지를 다질 수 있는 교육을 시키고, 적절한 배치를 하며, 팀워크 및 리더십 양육 등 핵심 인력을 가장 잘 관리할 수 있는 테마를 채택해야 한다. 외부 컨설턴트들과 같이 일할 경우에는 함께 역량을 습득할 기회를 부여한다. 혁신 팀은 무엇보다 조직의 성과에 따라 발탁하고, 주요 이슈에 대해 대안을 만들어 제시하는 역량을 갖추어야 한다. 또한 현업을 설득하고 변화의 모습을 이해시키고 동참시키는 리더십 교육도 혁신 업무 과정에서 이루어질 수 있다.

혁신 프로젝트 팀원의 이력 관리는 기존의 조직원과 달리 관리되어야 한다. 그들은 차출된 우수 인력이며, 조직의 미래 핵심 인력으로서 혁신 업무에 참여하여 기존 임원들과 같은 고민을 하고 외부 컨설턴트 등을 통해 전문 역량을 습득하고 조직의 리더십을 발휘하여 혁신을 성공시켜야 하는 임무를 맡은 사람들이다. 이들이 미래 조직의 리더이며, 이들 중에 리더가 만들어져야 한다.

혁신 팀의 인사적 측면의 관리 요소들은 크게 다섯 가지로 볼 수 있다.

첫째, 우수 인력 차출과 경력 개발이다. 우수한 인력을 차출했다면 전략 인재로 키워 내야 한다. 프로젝트 혁신 활동 동안 인사의 특별한 관심과 배려로 회사의 중요한 인재로 성장해야 할 부담감과 의

무감 그리고 자부심을 가지게 할 필요가 있다.

둘째, 평가 관리이다. 우수한 인력을 모으면 모을수록 혁신 팀의 인사 평가에 대한 부담은 커질 수 있다. 다른 팀과 동일한 기준으로 인사 평가를 실시하면 경쟁도 치열하고 형평성에도 맞지 않는다. 어떤 분은 현업의 우수한 인력으로 승진이 보장되었는데 혁신 팀에 차출되어 고과 평가만 나빠졌다고 불만을 토로하는 사람도 있다. 오히려 더 좋은 고과를 받는 것이 당연하므로 보다 차별화된 인사 평가가 되도록 해 주어야 사기를 잃지 않을 수 있다.

셋째, 컨설턴트와 같이 일한다면 그들의 역량을 배우도록 유도해야 한다. 막대한 투자와 더불어 비싼 외부 인력을 투입했다면 그들의 역량을 파악하고 이를 습득하도록 독려하고, 가능하다면 이를 제도화할 필요도 있다.

넷째, 지속적 혁신 역량을 양성해야 한다. 혁신에 대한 역량은 프로젝트가 진행되면서 점차 퇴색할 수 있다. 그러나 초심을 잃지 않고 어려움을 극복하여 혁신하고자 하는 마음을 누군가 북돋우고 지원해 주어야 한다. 프로젝트 관리자나 부문별 리더들도 마찬가지이다. 이를 위해 지원하고 교육시켜야 한다.

다섯째, 돌아갈 곳을 보장해 주어야 한다. 어떤 그룹에서는 그룹의 일을 열심히 한 직원에게 복귀할 회사를 선택하도록 권한을 주기도 했다는 이야기가 있다. 전사 혁신을 위해 헌신한 프로젝트 멤버가 사후 걱정으로 인해 혁신에 몰입할 수 없게 만들어서는 안 된다. 특히 안정화에 집중하고 조직에 잘 정착시키도록 노력해야 하는 혁신 말미에 힘을 더할 수 있게 하기 위해서는 이 부분이 무엇보다 중요하다.

그 밖에도 최고 경영자 및 임원들의 관심과 격려는 이들로 하여금 최선을 다해 업무에 몰입하도록 유도할 수 있다. 회사의 변화를 위해 중요한 자원을 보다 전략적이고 적극적으로 관리함으로써 지속적인 변화와 혁신을 이뤄 낼 핵심 역량을 확보할 수 있는 것이다.

혁신 팀은 누군가 대신 고생하러 가는 곳이고, 그곳에서 고생해 봤자 돌아갈 자리도 없으며, 우수 인력이 모이면 모일수록 인사 고과상 불이익이 따르므로 손해 보는 장사라 느끼고, 혁신의 결과에 대한 부담감까지 가중되니 현업에서는 당연히 회피하는 대상이라는 인식이 퍼져서는 안 된다. 한번 혁신에 참여하면 계속 부수적인 부서로만 떠돌고 눈치만 보는 신세로 전락한다는 부정적 의미가 조직원에게 전달되어서는 안 된다. 이는 조직이 혁신에 대해 진정한 관심과 배려가 없다는 것을 간접 표현하는 것이고 혁신 리더십이 부재한 결과이다.

프로젝트를 책임지는 리더는 혁신의 성공과 더불어 혁신 팀원의 성공에도 관심을 가져야 한다. 이들이 차세대 리더가 되도록 이들을 양성하고 키우는 데 책임을 질 필요가 있다. 주기적으로 이슈를 관리할 뿐 아니라 리더로서 커뮤니케이션 능력, 리더십 능력, 업무 해결 능력 등을 계발하도록 촉진하고 독려하고 기회를 제공하고 관리해야 한다. 혁신은 단기적 결과만을 위한 과정이 아니다. 지속적 성장의 핵심 동력이다. 이들 핵심 인력들을 홀대해서는 안 되며 차세대 리더로 적극 양성해야 한다.

혁신 리더의 조건 INNOVATION TIP!!

1. 혁신을 추진하는 멤버들에 대해 조직적으로 애정과 관심을 가지고 양성해야 한다. 프로젝트 팀원은 어려움도 많고 마음고생도 많이 하는 사람들이다. 회사의 핵심 인재라는 관점에서 실질적인 인사 지원이 필요하다.
2. 관심이 관심 자체로 끝나는 것이 아니라 적극적인 행동으로 나타날 때 회사에 대해 신뢰를 가지고 추후 혁신에도 참여 의사를 갖게 할 수 있다.
3. 혁신을 통하지 않고서는 조직에서 성장하기 어렵다는 인식을 갖게 하고 회사의 리더들 역시 혁신을 통해 성장·발전하는 모습을 조직 문화로 심는 것이 장기적 혁신을 위해서 매우 중요하다. 이를 위해 전문적인 인사의 역량 개발 지원도 필요하다.

3

리더십을 복제하고
조직을 장악하라

INNOVATION LEADER

STEP 3

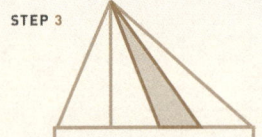

세 번째 산행
리더십을 세운다.

쉽게 따르리라 기대하지 말라.
그러나 임직원을 향한 혁신 리더십은 끊임없는 승부수이다.

01 깡통 리더십 상황
깡통 시나리오의 경우

프로젝트가 시작되었지만 조직은 오히려 더 뒤숭숭해졌다. 현황 분석 기간 동안 뭔가 긍정적인 신호가 나올 줄 알았지만 오히려 갈등만 더 심화시킨 꼴이 되어 버렸다. 새로 투입된 컨설턴트들이 회사에 큰 문제가 있는 것처럼 헤집고 다니기 시작했고 수십 년을 근무한 임원을 대상으로 사장님 앞에서 허물을 들추어 버렸다. 분위기가 정말 숙연해지는 순간이었고 갑자기 펀치를 맞은 임원은 대노했다. 프로젝트가 풍전등화이다. 혁신 프로젝트 팀장은 임원 앞에 가서 머리를 조아리기 시작했고 컨설턴트들은 보고서를 고치기 시작했다고 한다. 사장님은 말이 없다. 그냥 보고만 있는 것인지, 무슨 말을 하지 않으니 분위기를 살필 뿐이다.

컨설턴트는 고집을 꺾지 않으려는 모양인데 분위기가 뒤숭숭해서 그 컨설턴트는 쫓겨날지도 모른다는 소문도 있다. 뭐가 옳은 것인지 모르겠다. 물론 수십 년을 일해 온 임원에게 사전 보고가 없었던 것이 화근이었다. 그러나 중재에 나서지 않는 사장님도 답답하기는 마찬가지라는 생각이 든다. 부장들은 눈치를 보느라 일손이 잡히지 않는다고 한다. 현황 분석 보고서를 어떻게 마무리해야 하는지 분위기만 어수선하다.

이런 상황에서 혁신이 잘못되었다는 의견도 나오고 있다. 지금은 혁신할 때가 아니라는 것이다. 직원들은 귀찮은 일을 사장님 눈초리 때문에 시작하긴 했으나 되레 잘되었다는 눈치도 있고 사장님이 어떤 태도를 취할지 걱정하는 눈치도 있다.

시간은 가고 혁신 프로젝트가 그냥 흐지부지되는 가운데 사장님이 잘 조율하라는 지시를 내렸다고 한다. 문서 분위기가 좀 바뀌어야겠지만 또 기가 꺾이는 것 아닌가 하는 생각이 든다. "아"와 "어"가 다르듯 문서도 "부재하다"는 표현보다는 "필요하다"는 표현으로 바뀌기 시작했고 무슨 문제점을 지적할 때는 항상 부서장 검토가 따라야 한다는 불문율이 규칙으로 정해졌다.

대략 획기적인 개선은 없을 듯하다. 그 컨설턴트 코 빠뜨리고 다니는 게 좀 안쓰럽긴 한데 '뭐! 사는 게 그렇지'라는 생각이 든다. 분위기 봐 가면서 혁신을 해야 하는데 아직 우리 회사 분위기 모르고 덤볐다가 손해 보는 건 눈치 없는 사람이고 이젠 분위기가 좀 조율된 느낌이다.

임원들 말이 많아졌다. 문제점들에는 다 이유가 있었고 다 나름의 역사가 있었다. 조율된 개선은 시간을 많이 소요하게 만들었다. 합의된 안건들만이 적절한 수준에서 개선안으로 각색되었다.

깡통의 조짐   INNOVATION TIP!!

1. 현황 분석의 본질을 이해하지 못한다.
2. 혁신하는 과정에 기존 임원의 입김이 세게 작용한다.
3. 최고 경영자가 현황 문제점 지적에 적극적인 개선 의지를 표명하지 않는다.
4. 객관적인 내용을 기술하지 않고 순화된 표현을 사용함으로써 의도적인 회피를 시도한다.
5. 임직원은 핵심 이슈가 드러나도 적극적으로 개선하기보다는 회피될 것이라고 예상하고 행동한다.
6. 문제를 제기한 컨설턴트가 '부주의'에 대한 책임을 진다.
7. 일부에서 혁신의 필요성에 대해 이슈를 제기한다.
8. 과감한 혁신이 아닌 합의라는 과정을 통해 취지가 희석되어 간다.

02
리더십 복제의 베팅
베팅 시나리오의 경우

사장으로 취임한 후 혁신을 주창해 온 박 사장은 새로운 리더십 정립의 필요성을 느꼈다. 이전 대표이사가 전문 기술자로서 리더십을 가졌다면 자신은 전문 경영인으로서 혁신의 리더십을 가져야 한다고 생각했다. 다들 비전문가가 뭘 알까 하는 눈치였지만 박 사장은 믿는 구석이 있었다. 혁신을 이끌었던 선진 기업들의 최고 경영자는 비전문가인 경우도 많았기 때문이다. 그간 회사의 문제점들을 깊숙이 파헤쳐 이것만 혁신하면 성과가 있을 것이라는 확신을 가지고 있었다.

그러나 문제는 임원들이었다. 임원들이 이 핑계 저 핑계 대는 듯해 보였다. 그도 그럴 것이 공연히 긁어 부스럼 만들지 않았으면 하는 바람이 있었을 터이고 이전에도 변화를 시도해 보았지만 그리 간단히 풀 문제가 아니었기 때문이다. 그러나 박 사장은 이번만큼은 다르다고 생각했다. 더 이상 변화를 늦출 수 없었고, 또 사장으로서 전체를 아우르는 힘으로 전반적인 혁신을 끌고 가야 한다고 생각했기 때문이다.

물론 쉽지 않은 일인 줄 알지만 리더십을 보여야 한다고 생각했다. 잠시 그저 평상시보다 조금 나은 실적으로 그리고 적당한 수준에서 급여 사장을 해야 하는 것 아니냐는 유혹도 없던 것은 아니었다. 비전문가로서 문제를 들춰내다가 이러지도 저러지도 못할 수도 있고 혁신을 추진하다 정말 미처 발견하지 못한 난관에 부딪혀 난감한 상황에 다다를 수도 있다는 부담도 있었다. 그러나 문제는 파헤치고 고쳐 나가는 것이 리더의 본분이라는 생각에 덮어 둘 수가 없었다. 그리고 다짐을 하였다. 혁신은 지속되어야 조직이 성장한다는 확신이었다. 그리고 최고 경영자이면서 동시에 지속적인 혁신가로서 리더십을 세우리라는 것이었다.

처음에는 임원진 대부분이 혁신의 성과에 대해 불신했던 것이 사실이었고, 사장이 한다니까 마지못해 도와주는 형식을 갖췄다. 그러나 점차 핵심 업무를 구체화하면서 그리고 외부 전문가의 도움을 받아 논리적이고 사실적인 접근을 하면서 무엇이 핵심인지 파헤치기 시작했다. 문제가 심각해지면 해당 임원을 불러 놓고 책임을 묻지 않을 테니 이번엔 한번 해결해 보자는 식으로 독대도 했다. 문제점들이 드러나고 해결 방안까지 도출되었다. 명명백백 뭔가 길이 보임에도 불구하고 임원들의 반응은 내가 기대하는 것과 달랐다. 안 된다는 것이다. 쉽지 않을 것이고 이론과 다르다는 투였다. 아무리 똑똑한 사람들이라 할지라도 변화의 마인드는 가진 자와 가지지 않은 자가 이렇게 큰 차이가 있구나 하는 생각이 들었다.

　박 사장은 자신이 뭔가 놓치고 있나 싶어 되묻고 또 되물었다. 박 사장은 문제는 있지만 극복할 수 있다고 생각했고, 임원진은 정반대였다. 프로젝트 팀장과 숙고하고 숙고하여 계획을 짰다. 가장 성공하기 쉬운 주제부터 공략하기로 했다. 그리고 성과를 토대로 리더십을 강화하기로 했다.

　비교적 비용이 적게 들고 비효율적인 부분부터 변화를 시도했다. 담당 임원은 시큰둥했지만 직접 챙겨 가며 변화를 주도하고 담당 임원이 변화의 선봉장이 되도록 뒤에 바짝 붙어서 독려했다. 관심을 기울인 만큼 효과는 있었다. 관리란 이런 것이구나 하는 생각을 하면서 다음 목표를 위한 워크숍을 지시하고 담당 임원을 독려했다.

　그 임원 말이 진실인지 아닌지는 몰라도 사장의 분석력이 예리하다는 아부 아닌 아부를 해 왔다. 내심 기분도 좋고 이제 뭔가 밀어붙일 혁신의 우군이 생겼구나 하는 생각이 들었다.

　이제 혁신을 홍보할 차례였다. 첫 스타트는 잘 끊었다. 이제 시작이다. 회사를 지속적으로 혁신하는 분위기를 만들어야겠다고 생각했다.

　담당 임원에게 혁신 주제를 만들게 하고 목표를 정하고 세부적인 이슈들을 점검하는 순으로 전사 전략 회의의 성격을 바꾸었다. 임원의 평가도 혁신성을 주요한 항목으로 넣어 버렸다.

　혁신 리더십을 만드는 것은 무척 힘들고 고민스러운 과정이었지만 이제 자신감도 생겼다. 하나의 성공을 이제 아래로 위양하고 새로운 목표에 도전하면서 혁신 업무를 코칭하는 재미에 더더욱 힘이 나는 것 같다.

베팅의 의지 INNOVATION TIP!!

1. 최고 경영자가 혁신의 리더십을 가지려 한다.
2. 최고 경영자가 기존 임원을 대상으로 새로운 혁신 리더십을 세우려 한다.
3. 지속적으로 문제점을 파헤친다.
4. 혁신을 주도할 인력을 찾는다.
5. 혁신하는 분위기에 집중한다.
6. 고통스러운 리더십 과정을 당연하게 받아들인다.
7. 리더십을 위양하고 코칭하려 한다.

03 혁신을 위한 리더십은 확보되었나?

혁신 프로젝트에 참여하다 보면 정말로 혁신을 위한 의사 결정을 제대로 한 것인가를 의심하게 만드는 경우가 많다. 혁신의 의지를 경영층에서 발견하지 못할 경우도 많고 어떤 경우는 혁신 프로젝트 중반에 반대에 부딪쳐 쉽게 무너지기도 한다. 혁신을 시작하기 전에는 갑론을박할 수 있다고 하지만 혁신 팀을 꾸리고 프로젝트를 진행하면서 불거져 나온 리더십 부재의 결과는 조직에 매우 큰 비용을 치르게 한다. 리더 한 명이 혁신에 대한 의지가 없으면 그 리더가 이끄는 조직 역시 그러한 경향을 띤다. 많은 '변화 준비도 조사 결과'가 이를 증명한다. 그래서 경우에 따라서 임원들이 프로젝트 중에 어려움에 처하는 경우도 있다. 개인의 의견만으로 국한되는 것이 아니라 조직의 하부에 영향을 미치기 때문이다.

'변화 준비도 조사'란 조직원이 변화에 적응하기 위한 태도나 준비가 되어 있는지를 조사하는 설문지이다. 이 설문지를 조사하다 보면 조직의 리더가 혁신에 대하여 어떤 의지를 가지고 있는가 조직원의 인식에 어떠한 영향을 미치고 있는가를 알려준다. 혁신에 부정적인 리더의 조직은 변화 준비도가 낮은 경우가 많다.

새로운 혁신을 추진할 때 최고 경영자의 의지로 진행하는 경우가 많은데, 임원진 회의에서 각론에서 개별적인 의견이 있을 수는 있으나 전반적인 방향성에 대하여 또 혁신에 대한 태도는 긍정적이어야 한다. 혁신 프로젝트가 시작된 지 여러 달이 지나도록 혁신의 의미를 다시 토론하거나 임원 급에서 혁신의 타당성에 대한 의구심을 갖는 발언이 새어 나온다면 이는 조직원에게 부정적인 영향을 미칠 수밖에 없다.

그러기에 혁신을 추진하기 전에 보다 신중하고 심각하게 논의해야 하고, 의사 결정 말미에는 반드시 전체적인 추진에 힘을 보탤 것을 확인해야 한다. 특히 임원의 역할은 조직에 매우 중대한 영향을 미치므로 임원의 적극적 참여를 확인하고 가급적 프로젝트에 책임감을 가지는 역할을 수행하도록 하며 또 혁신성에 대한 평가까지 책임지도록 한다면 보다 적극적인 혁신 추진을 유도할 수 있다.

혁신 리더십 문제는 프로젝트의 진행에 심각한 영향을 미치는 경우가 많으며, 이러한 문제점은 종종 사후에 너무 많은 비용을 치르는 결과를 초래한다. 사전에 점검되었어야 할 것들이 실행 중간에 발생함으로써 전체 조직의 변화 비용을 발생시키는 것이다. 어떤 경우는 이를 적극적으로 해결하기보다는 시간이 해결해 줄 것으로 믿고 오히려 더 큰 비용을 들이게 하는데 그것이 바로 깡통 혁신이다.

겉모습만의 혁신인 것이다. 조직을 이끄는 리더들이 혁신에 대한 성공에 불신을 가지고 소극적일 경우 혁신 진행 과정에 적극적 아이디어가 제시되지 않아 프로젝트 팀의 혁신안에 트집만 잡게 될 공산이 크다. 또 소극적인 자세를 보이기 때문에 형식만의 혁신으로 변형되는 경우도 발견될 수 있다.

혁신의 전략적 방향을 모르는 리더들은 외형만 바뀐 척하고 어떤 경우 프로젝트 팀의 사기를 꺾기도 한다. 가장 좋은 방법은 실질적인 면에서 조직의 임원들을 혁신 주제와 성과 측면에서 연결하는 것이다. 프로세스 오너와 같이 역할을 부여하는 것도 중요하다. 그러나 이들의 역할이 보다 적극적으로 효과를 발휘하기 위해서는 혁신에 대한 성과 평가가 임원들과 연결되는 것이다.

혁신 리더의 조건　　　　　　　　　　　　　　INNOVATION TIP!!

1. 혁신을 추진하다 보면 임원들의 생각이 최고 경영자와 차이가 있음을 쉽게 발견한다. 저마다 다른 생각도 있고 중시하는 부분도 다를 수 있다.
2. 혁신을 추진한 이후에는 조직이 한 방향으로 무언가를 얻어 내야 하며 임원진의 영향력을 고려할 때 한목소리가 필요하다.
3. 임원진의 혁신 참여가 생각보다 적극적이지 않은 경우를 고려하여 혁신 업무를 시작하기 전에 충분한 논의와 임원층 대상 리더십 교육이 필요하고, 의사 결정 과정에 참여하고 역할을 할당하고 성과를 평가받도록 관리할 필요가 있다.

04 리더십은 복제되어야 한다

혁신은 리더십 수립의 과정이라 볼 수 있다. 최고 경영자가 혁신을 주도하는 경우는 더욱더 그렇다. 신임 사장이 혁신을 시작했다면 혁신 과정에서 최고 경영자와 임원 간의 리더십이 새롭게 수립되는 과정이 될 수 있다. 조직 전체적으로 "역시 사장님은 달랐어"라는 말이 결과적으로 나오게 만들어야 하며, 의도적으로도 혁신 주제에 대한 성공을 만들어야 한다. 그것이 조직을 살리는 길이고 혁신의 지속적 전개를 통한 기업 경쟁력 강화를 유지하는 길이다.

아울러 리더십은 복제되어야 한다. 최고 경영자가 실적과 더불어 혁신 업무 두 가지를 관리하고 있다면 임원진 역시 책임지는 역할과 더불어 전사적 혁신 과제에 관심을 가지고 동참해야 한다. 이것이 혁신 리더십의 전파이다. 최고 경영자만 혁신을 이야기하고 임원진은 이에 대해 둔감하다면 조직원이 혁신에 관심을 가질 리 만무하다. 그러기 때문에 혁신 리더십은 조직의 하부로 복제되어 전파되어야 진정한 혁신의 체계를 이룰 수 있다.

리더십 복제 과정은 최고 경영자의 철학이 조직 내에 전파되는 것이기도 하다. 그리고 그러한 철학이 조직에 보다 경쟁력 있게 내재화되기 위해 혁신이라는 방법이 사용되며 그 과정에서 조직은 새로운 경쟁력을 얻을 수 있다. 한 프로젝트 참여자는 이전 여러 혁신 경험을 되새기면서 이러한 말을 했다.

"예전 김 사장님께서 부임하시면서 고객 만족 하나는 철저하게 조직에 심고 가셨습니다. 고객 만족과 관련된 많은 활동이 있었는데 지속적으로 조직의 변화를 추구한 결과 이제 많은 부분 김 사장님의 마인드가 조직 내에 전파되어 있습니다. 성공한 혁신을 통해 조직의 문화나 체질이 바뀐다는 것을 느낄 수 있었습니다."

그렇다! 혁신의 과정은 조직의 역량을 강화하고 새로운 역량 시스템을 조직 내에 심어 놓는 것과 같다. 새로운 역량이 자발적으로 관리되고 발전하도록 시스템을 갖추어야 한다. 역량 시스템은 바로 혁신을 추진하는 리더에 의해 만들어지며 리더십이 복제되면서 역량 시스템이 완성된다 할 수 있다.

혁신을 자주 하는 기업과 그렇지 않은 기업은 혁신에 대한 조직적 자세에 대해 차이가 난다. 혁신에 대한 임원의 관심도가 차이가 나며, 혁신 주제를 성과에 연계하여 관리하는 것 역시 차이가 난다. 보통 새로운 경영자가 의욕에 앞서 여러 혁신 프로젝트를 만들어 내기도 하는데, 이러한 여러 혁신 프로젝트를 하나로 관리하는 프로그램이 수행되는지 여부도 혁신을 지속적으로 추진한 조직과 그렇지 않은 조직과의 차이이다. 보통 혁신 조직을 별도로 둔 조직은 여러 프로젝트에 대한 자원을 효율적으로 관리하기 위해 프로그램 차원의 접근을 한다. 임원진 인터뷰에서 반복되는 과정을 최소화하고 사내의 부족한 인력도 효율적으로 관리하기 위해서는 이러한 프로그램을 장기적 혁신 차원에서 도입할 필요가 있다.

아울러 혁신의 리더십 복제 과정과 사내 리더십 강화를 위해서는 인사적 지원도 필요하다. 혁신을 주제로 리더십을 훈련할 수 있는 좋은 기회이다. 현실에서 혁신 업무에 인사가 관여하는 경우는 많지 않다. 그러나 최고 경영자가 참여하는 혁신 리더십에는 새로운 리더십을 정립한다는 측면에서 인사적 지원이 절실히 요구된다. 임원들을 변화시켜야 하며 사내의 새로운 기업 문화를 창출해야 하는 만큼 인사적 지원이 필수 불가결하다. 인사는 프로젝트 팀원의 선발과 육성에서부터 임원의 리더십 활동에 대한 평가와 촉진까지 여러 가지에 관여할 수 있으며 조직 개편과 같은 중대한 변화를 시도할 수도 있다.

혁신 리더의 조건

INNOVATION TIP!!

1. 혁신을 지속적으로 유지하여 기업 성장의 토대를 만들기 위해서는 혁신에 대한 '조직적 자세'를 만들 필요가 있다. 새로 운동을 시작할 때 기본기에 충실히 연습하듯 혁신을 올바로 수행하기 위해서는 조직적 혁신에 대한 자세를 훈련하고 연습할 필요가 있다.
2. 임직원 혁신 교육이나 지속적 커뮤니케이션은 혁신에 대한 기본기이다. 제대로 진행되지 않는 것 같다면 교육과 커뮤니케이션을 활성화하고 강화해야 한다.
3. 새로운 경영 환경 변화에 적응하기 위해 혁신을 추진하려 할 때에 조직적 자세가 잘 다져진 기업은 쉽게 변화에 적응하지만, 그렇지 않은 기업은 자세를 잡는 과정에서만 많은 시간과 비용을 들일 수밖에 없다. 조직의 혁신 자세가 갖추어지지 않으면 깡통 혁신을 할 가능성도 많다.
4. 강력한 변화를 위해서는 인사를 적극 활용할 필요가 있다. 조직원들 사이에서 인사의 힘은 최고 경영자의 그것보다 더 현실적일 수 있다.

05 1퍼센트의 리더십과 부적절한 팔로우십

혁신 리더들 가운데에는 현업에서 직접 대화하는 리더들이 많다. 궁금한 사항이 있으면 담당자를 직접 찾아가 이야기하고 핵심 문제를 파고드는 최고 경영자가 그들이다. 핵심을 찾기 위한 노력의 일환이라 할 수 있다. 그리고 그 핵심을 찾으면 반복하여 확인하고, 확신이 서면 변화와 혁신으로 이어지는 것이다. 지속적으로 핵심을 파고드는 것은 혁신의 효과를 배가하는 가장 중요한 활동이다. 핵심을 파악했다면 이제 움직여야 한다. 스스로 움직이고 조직을 움직여야 한다. 조직이 움직이면 성과는 시간이 흐른 후 전략적 판단에 의해 나타난다.

반면 1퍼센트의 리더십도 있다. 혁신 관련 보고를 받는 데 일주일에 단 30분도 할애하지 않는 경우이다. 물론 혁신의 현장을 찾지도 않는다. 회사를 바꿀 매우 중요한 혁신임을 강조하지만, 정작 일주일에 한 번 정도 형식적인 보고를 받을 뿐이다. 보고 시간은 통상 30

분을 넘지 않는다. 10분으로 끝나는 경우도 있다. 다른 활동을 포함해서 주당 30분이라 한다면, 하루 열 시간 근무를 기준으로 일주일에 50시간 일했을 때 고작 1퍼센트의 시간이다. 회사를 바꿀 중대한 혁신 업무에 1퍼센트의 시간도 할애하지 않는 경영자도 사실 많이 있다.

1퍼센트의 시간 투자는 최고 경영자의 혁신 참여에 대한 기준이 될 수 있다. 일주일의 정기 보고에서 30분 미만—혹 5분이나 10분도 있다—의 보고를 받고 있다면 1퍼센트의 리더십을 보인다고 할 수 있다. 적어도 질의가 있고 논의가 있다면 30분 이상의 시간이 소요된다. 즉 1퍼센트 이상의 리더십을 보이는 것이다.

또 주의해야 할 바가 있는데, 그것은 최고 경영자가 혁신의 속성에 대해 얼마나 알고 있느냐이다. 요즘 대부분의 혁신은 최신 정보 기술을 포함하는 경우가 많다. 영어 약어를 쓰는 경우도 많고 시스템적 이야기도 군데군데 섞여 있다. 중요한 것은 이러한 용어가 아니라 정보 기술을 통한 업무 성과 개선을 어떻게 효과적으로 다루는가이다. 즉, 전략적 포인트를 정확히 파악하고 있느냐는 것이다. 조직적으로 실수하는 부분 중의 하나는 최고 경영자는 다 알고 있다는 가정에서 출발하는 것이다. 이 경우엔 핵심 이슈에 대한 보고가 줄어들거나 거창한 보고만을 추구할 수 있다. 문제의 핵심은 거창한 데 있는 것이 아니라 성공에 미치는 영향 요소들에 있기 쉽다.

변화 관리가 적극적으로 필요한데도 적절히 의사 결정을 하도록 돕지 못해 올바른 스폰서의 역할을 무너뜨리는 경우도 많다. 이럴 경우 타사의 사례 발표나 외부 인사 초청 강연 등을 통해 지속적인 혁신 사례를 전달할 필요가 있다. 모든 것을 다 아는 사람은 없다. 중요한 것은 핵심을 얼마만큼 알고 있는가이고 핵심에 대한 확신 그리고 그 확신이 조직을 움직이는 힘으로 변화할 수 있느냐의 여부이다. 조직을 어느 정도나 이끌어 낼 수 있느냐 하는 것은 성과의 폭을 결정한다. 그러나 확신이 있어야 하며 조직도 이를 뒷받침해 주어야 한다.

무언가를 변화시키고 성과를 내기까지는 많은 돌봄이 필요하다. 잔신경이 많이 쓰인다는 뜻이다. 조직은 또 그렇게 잘 변화하려 하지 않을 뿐 아니라 지시하는 사람만큼 생각을 하고 있지 않기 때문에 세세한 부분을 잘 이해하지 못한다. 행동을 강요당하고 억지로 하다가 한두 번 경험을 한 다음 비로소 이해를 하기 시작한다. 그때까지는 세밀한 돌봄과 가이드가 필요하다. 이것이 바로 혁신 과정의 어려움이다.

혁신 리더의 조건　　　　　　　　　　　INNOVATION TIP!!

1. 혁신을 위해 일정 시간 이상을 투자할 필요가 있다. 세부적인 것을 확인하지 않으면 깡통 혁신이 될 가능성이 많다. 겉으로는 변화하는 듯해 보이지만 속은 그렇지 않다. 좀 더 깊이 한 단계 더 들어가 확인해 볼 필요가 있다.
2. 최고 경영자가 질문을 많이 해야 한다. 질문이 많다는 것은 관심의 표시이다. 질문하지 않는 경영자는 실질적으로 관심이 없는 경우가 많다.
3. 많은 관심을 가지고 있다는 경영자는 많으나, 끊임없이 질문하는 경영자는 흔치 않다.

06 리더십의 진화 스폰서십

혁신을 주도한

최고 경영자의 리더십은 스폰서십으로 진화해야 한다. 여전히 임직원 모두를 위한 리더십이 중요하기는 하나 혁신이 구체화되면서 전사적 혁신 분위기로 넘어가는 순간 리더십은 스폰서십으로 진화해야 한다. 즉 활동을 위한 자원 투입이 병행되어야 한다는 것이다. 사실 리더십보다 더 어려운 것이 스폰서십이다. 이제부터는 실질적 효과를 담보해야 한다. 이는 자원이 투입되고 성과가 나와야 하기 때문이며, 이때가 베팅이 시작되는 순간이다. 관심에서 실질적 참여와 투자가 이루어지는 것이다. 그리고 이러한 자원 할당이라는 투자는 위험을 포함한다. 그래서 베팅이라 할 수 있다. 하나의 도전인 것이다.

리더십을 통해 확보된 합의점이나 변화와 혁신에 대한 공감대를 바탕으로 구체적인 변화를 위한 투자 즉 스폰서십이 필요하게 된다. 기존의 리더십은 권한 위양으로 넘겨지고 복제되며 새로운 스폰서십으로 진화해야 한다. 중요한 의사 결정이 시작되는 시점이다. 새로운 투자이고, 투자에 대한 위험을 관리해야 하며, 그리고 성과를 얻어야 한다. 투자, 위험, 성과 관리 이 세 가지 측면은 혁신에서도 매우 중요한 관리 항목이다.

스폰서십으로 진화했다고 해서 리더십이 없어지는 것은 아니다. 리더십은 유지되는 것이며 활동의 중심이 리더십을 유지하는 한편 스폰서십으로 발전한다는 것이다. 확신이 있다면 투자해야 하는 것이고, 투자를 통해서는 성과를 거두어야 한다. 그리고 조직 내 체화되어 변화된 역량이 성과로 나타나기까지 관리해야, 조직적 시스템으로 확고한 체제를 세울 수 있다.

스폰서십을 통해 투자된 자원이 성과라는 열매로 바뀌기까지는 조직 내 역량을 확보하고 키워 가는 변화 또한 중요하다. 이는 주로 교육이라는 형태로 이루어지는데 역량이 확보되지 않으면 원하는 방향으로 이동할 수 없기 때문이다.

새로운 블루오션을 찾아 떠나기 위한 준비가 필요하고 확신이 있었다면 주요 이해 관계자들을 설득하고 공감대를 형성하며 그들에게 변화의 의지를 심고 동의를 받아 내야 한다. 그리고 그 다음에는 실질적인 투자가 이루어져야 한다. 배를 출항시켜야 하는 것이다. 배가 출항하는 것으로 투자가 끝나는 것이 아니다. 확보된 자원을 토대로 항해 과정에서 새로운 투자 결정을 내려야 한다. 확보한 자원을 어떻게 잘 활용하느냐 역시 중요한 것이다. 또 출항 자체로 신대륙을 발견하는 것은 아니다. 오히려 성공적으로 확보한 자원을 잘 유지하여 목적지까지 가야 한다. 기존 자원을 조절해야 하기도 하고, 새로운 자원을 확보해야 하는 경우도 생기며, 항로를 변경하는 것도 매우 중요한 결정이다.

그리고 이러한 투자 활동을 통해 이해 당사자들은 역량을 배가시켜 나가야 한다. 본격적으로 움직여야 하는 것이고 활동을 통해 성과를 만들어 내야 한다. 즉 스폰서십과 더불어 성과 관리로 이어져야 한다는 것이다. 그리고 변화에 대한 위험을 관리해야 한다.

리더십도 확보하기 어렵지만 스폰서십은 더욱더 확보하기 어렵다. 더더군다나 지속적인 스폰서십을 얻기란 쉽지 않다. 아울러 이러한 리더십과 스폰서십은 최고 경영자로부터 하위로 위양되어야 한다. 최고 경영자가 보인 리더십을 임원들이 보여야 하고 최고 경영자가 스폰서로 활동하기 시작한 후 임원들도 마찬가지로 이를 위한 자원 할당인 스폰서가 되어야 한다. 또 성과가 보이기까지 조직적 혁신 학습이 이루어진 후에는 최고 경영자는 이를 하위로 위양하여 자체적인 혁신이 이루어지도록 시스템화해야 한다. 조직은 학습된 혁신 과정을 조직 내 체화하여 주기적으로 관리되도록 해야 한다.

스폰서십은 한 번으로 끝나지 않는다. 대부분 한두 번으로 충분하다 생각하지만 이슈가 있을 때마다 지원이 되어야 진정한 스폰서가 될 수 있다. 마치 한두 번의 불우 이웃 돕기로 그들이 가난을 면하기 어려운 것처럼 혁신이라는 어려움을 극복하기 위해서는 지속적인 스폰서십이 필요하다. 부족한 스폰서십을 극복하기 위해서는 최고 경영자의 스폰서십과 더불어 임원과 부서장의 스폰서십이 추가로 필요함은 물론이다. 이렇듯 조직 전반의 지원으로 혁신은 성과라는 아이를 잉태하고 탄생시키며 키워 갈 수 있게 된다.

혁신 리더의 조건　　　　　　　　　　　INNOVATION TIP!!

1. 혁신을 성공시키기 위해서는 산고가 필요하다. 블루오션을 향해 배를 띄우는 것도 어렵지만 배가 항해하면서 직면한 여러 어려움에 대해 적절한 지원 결정을 내리는 것 또한 필요하다.
2. 배를 항해하기 위한 자원을 먼저 확보하고 이를 잘 배분, 관리하는 것 역시 중요하다.
3. 블루오션을 찾기 위한 배의 선장은 리더십도 있어야 하지만 적절한 스폰서십도 가지고 있어야 한다.
4. 자원을 할당해 줄 수 없는 리더는 힘이 없다. 그리고 자원이 할당되는 순간 투자라는 행위에 따른 위험이 관리되어야 하고 투자 이후 성과가 관리되어야 한다.
5. 혁신은 여러 모로 돌봐야 할 것이 많은 대상이다.

07
활동은 평가와 연계되어야 한다

숫자로 보여 주면 심각해진다는 말이 있다. 단순히 건강이 나쁘다는 말과 정상 수치에 비해 30퍼센트가 더 높게 나왔다고 이야기하는 것은 인식에서 차이가 난다. 마찬가지로 담배를 피우는 분이 매일 피우는 담배의 숫자를 세어 보고 깨어 있는 동안 얼마나 많이 피는지 알게 되면 심각해진다. 몸무게를 줄이기 위해 체중계를 사는 이유도 같은 맥락이다.

마찬가지로 임직원 특히 임원의 행동을 바꾸기 위해 평가와 연계하는 것만큼 강력한 것은 없다. 특히 개인 평가를 강화하면 거의 절대적인 변화를 요구한다고 할 수 있다. 혁신을 추진하는 기업에서 개인 평가의 비중을 강화하고 혁신 성과를 중요한 영역으로 평가하게 되면 움직이지 않을 수 없다. 평가는 상대적 순위를 결정하기 때문에 신경 쓰지 않을 수 없는 것이다.

그러나 현실적으로 임원들에게 혁신 지표로 평가를 강화하는 것은 그다지 쉽지 않은 듯하다. 기존 지표에 대한 개선 작업이 만만치 않은 데다 개인 지표의 변화는 부정적 측면이 있다. 객관성을 가지고 성과 지표를 계산해 내기가 쉽지 않기 때문이다. 그러나 중요한 것은 혁신 지표를 성과에 반영한다는 사실 자체이다. 지표의 비중이 중요한 것이 아니라 혁신 지표를 반영한다는 데 더 큰 의의가 있다. 임원들 입장에서는 새로운 지표가 반영된다는 데에 더 많은 신경을 쓰게 되어 있고, 최고 경영자가 이를 지시한다면 더더욱 영향을 받지 않을 수 없다.

혁신 지표를 객관화하는 것은 그 다음 조정할 수도 있는 문제이다. 중요한 것은 지표의 반영이다. 임원들의 혁신 지표와 더불어 중간 관리자들의 혁신 지표 또한 중요한 영향을 미친다. 한시적이라 할지라도 혁신 지표는 사람들을 움직이게 하는 힘을 가진다.

변화를 추구하는 데 촉진 역할을 하는 것이 있다. 그것은 관리와 지원으로 가능해지는데, 반복적으로 강조되고, 앞선 행동자들을 포상하고, 변화에 대해 둔감한 조직원을 적극적으로 지원하는 조직 내 다양한 방법을 동원하는 것이다. 매우 큰 인내를 가지고, 점차 변화의 방향으로 안내해 가는 것이다. 강조하고, 커뮤니케이션하고, 교육하고, 훈련하고, 경쟁을 촉진하고, 최종적으로 관리하기 위해 지표를 가지고 평가 독려하는 것이다. 변화에서 중요한 점은 이러한 다방면의 방법을 인내를 가지고 지속적으로 추진하여 변화를 담당해야 할 조직원이 변화에 거부할 수 없도록 인식을 바꾸는 것이다.

성과 관리 지표를 서둘러 도입하는 것도 좋지만 단계적으로 변화를 유도하고 최종적으로 성과를 제대로 보상하고 뒤처진 자에게 자극을 주기 위한 수단으로 사용하는 것도 좋은 방법이 된다. 초기부터 강력한 변화가 자칫 거부감을 유도할 수 있기 때문에 단계적인 접근은 조직원으로 하여금 변화에 대한 최고 경영자의 의지를 확실히 깨닫게 할 수 있어야 한다.

혁신 리더의 조건 INNOVATION TIP!!

1. 혁신이나 변화를 추진하는 데 최고 경영자의 마음은 답답할 수 있다. 조직은 늘 자기 마음과 같지 않고 임원들 역시 자기 생각이 강해 변화에 집중하지 않기 때문이다.
2. 평가는 가장 강력한 수단으로 지표를 도입하고 이를 정기적으로 언급하고 평가에 영향을 미치기 시작하면서 행동 변화를 구체화시킬 수 있다. 따라서 인사 평가에 반영될 의지를 보이고 직간접적으로 변화의 의지에 대한 메시지를 전달하는 방식으로 영향력을 강화해야 한다.
3. 변화의 대상도 톱다운으로 관리해야 효과적으로 전체를 변화시킬 수 있다.
4. 변화는 생각보다 쉽게 이뤄지지 않고 때때로 조직적이고 강력한 수단이 필요한 경우가 많다.

08 조직적으로 접근한다

혁신은 개인으로 이루어지는 것이 아니다. 개인은 한정적 영역에서 역할을 할 뿐 현실적 성과로 이어지기 위해서는 조직의 움직임이 필요하다.

이순신 장군이 전장에서 혼자 창칼을 들고 싸웠다면 전쟁에서 이길 수 있었을까? 훈련 없이 기존의 수군을 데리고 전략적 작전을 펼쳤다면 학익진 등의 병법이 적절히 통했을까? 전략이 성공하기 위해서는 조직원의 철저한 신뢰와 역량이 필요하다. 조직원의 역량을 모아 상황에 적절히 대처하며 성과라는 결과물을 얻게 된다. 그리고 이러한 성과를 배가시키기 위해서는 조직적 협력 또한 필요하다. 조직력이 없다면 성과는 배가되지 않는 것이다.

어떤 면에서 개개인의 변화보다 조직적 변화가 어렵지만 조직적 변화를 이끌어 낼 수만 있다면 그 힘은 크다. 즉 움직임만 시작되면 더 쉽게 모두를 움직이는 관성이 작용하는 것이다. 조직 변화의 관성 법칙이 여기서 작용한다. 개개인이 일찍 일어나는 것은 어렵지만 군대에 가면 조직적 힘을 통해 일찍 기상할 수 있다. 조직의 분위기나 문화 규율은 암묵적으로 합의되기 시작하면서 힘을 발휘한다. 논리적·감정적이 아닌 당위론으로 받아들여지기 시작하면 변화는 굳건해지기 시작한다. 혁신의 과정은 이러한 당위적 문화를 만들어 나가기까지의 과정이라 할 수 있다. 시행착오도 있고 어려움도 있지만 산을 향해 올라가야 한다는 점을 공감하고 꾸준히 올라가야 한다.

정상을 향해 등산을 하지만 중간 중간 여정을 구분하면 효율적으로 등산을 할 수 있다. 그리고 등산하기 위해 필요한 정신적 자세와 준비할 내용 그리고 어디가 고비인지를 알게 된다. 혁신도 마찬가지이다. 산행을 하다 보면 힘든 고비가 많지만 리더를 믿고 정상을 바라보고 올라가면서 등산 즉 혁신의 묘미를 알게 된다. 그리고 희열을 느끼게 된다. 앞에서 나아가는 사람도 힘들지만 뒤에 따라오는 사람들을 위해 힘을 낸다. 뒤에 따라가는 사람은 못 따라갈 것 같지만 리더를 보며 자신의 한계를 극복해 간다. 그리고 몇 번의 등산을 통해 그 묘미를 알게 된다.

전쟁에서는 목숨이 위태로운 상황에서도 총을 들고 전진한다. 훈련의 힘이다. 그리고 그러한 훈련의 힘이 한 사람 한 사람의 목숨을 구하는 승리를 가져다준다. 개개인이 어려운 변화에 기꺼이 동참하기까지는 수많은 훈련이 필요하다. 주춤하는 것은 곧 죽음이 될 수도 있다. 목숨을 건 싸움이라면 훈련이 고될수록 더 많은 목숨을 살릴 수 있다.

혁신 프로젝트가 실패하는 이유 중의 하나는 조직 구성원 모두가 주춤거리는 움직임이 많기 때문이다. 조직 여기저기에서 주춤거림이 많다 보면 큰 조직 전체는 요지부동의 모습이 된다. 모두가 한 번에 움직여야 조직이 한 걸음을 뗄 수 있다. 여기저기에서 주춤거리면 넘어지게 되어 있다. 서로의 연관도가 큰 조직일수록 마찬가지이다. 다리를 묶고 달리는 이인삼각 경기에서는 호흡을 맞춰 움직여야 하듯, 새로운 방식의 변화에 적응하기 위해서는 조직이 같이 움직여야 하며 그래야만 큰 변화로 인한 시너지 효과를 얻을 수 있다.

조직적 동기화는 혁신 성공의 중요한 열쇠이다. 신뢰를 얻고 움직이도록 해야 하고, 성과를 지속적으로 느끼도록 프로젝트 진행 중간중간에 성과를 적절히 배치하는 것도 서로의 신뢰를 얻게 하는 좋은 방법 중 하나이다. 그리고 무엇보다 중요한 것은 조직이 혁신 성공을 체험하여 성공 확신과 신뢰를 가지기 시작하는 것이다. 그것은 조직을 더욱더 강한 조직으로 만들어 스스로 혁신에 몰입하도록 만들어 준다. 등산을 하고 나서 다시 더 높은 산을 오를 수 있는 것처럼 말이다. 혁신은 개인이 하는 것이 아니고 조직적으로 하는 것이다.

혁신 리더의 조건　　　　　　　　　　INNOVATION TIP!!

1. 혁신의 전략은 선각자적 리더에게서 나올 수 있다. 그러나 성공을 위해서는 조직이 움직여야 한다. 제도나 프로세스가 아닌 사람들이 그 제도나 프로세스에 적극적으로 참여해야 비로소 성과를 낼 수 있다.
2. 주춤거림이 없는 일사불란한 흐름이 되기 위해 조직은 변화의 손발을 맞추는 훈련이 필요하다. 그 훈련은 어쩌면 필수적인 시행착오를 수반할 수도 있으나, 이를 무시해서는 안 된다. 이제 시행착오를 줄이고 같이 발을 떼는 연습을 시작하고 같이 발을 맞추어 점차 속도를 내야 한다.
3. 혁신에는 항상 어려움이 따른다. 주춤거림에 답답할 수 있으나 천천히 발을 맞추다 보면 곧 뛸 수 있다.
4. 차분히 인내하며 박자를 잘 맞추기 위해 적절한 커뮤니케이션은 필수이다.

09 때론 정치도 활용하라

조직이 크다 보면 으레 정치적 속성을 띠게 된다. 정치는 일면 부정적인 면도 없지 않지만 무시할 수 없는 효과도 있다. 잘 활용하면 조직을 효과적으로 움직이는 데 도움을 얻을 수 있다. 정치적 힘은 세부적인 커뮤니케이션이나 합의가 없어도 조직을 신속히 움직이게 할 수 있다.

프로젝트 스폰서를 선정하는 데에서도 정치적 고려가 반영된다. 어느 스폰서의 힘을 얻어 혁신을 추진하느냐에 따라 조직원의 반응이 달라지기 때문이다. 최고 경영자의 참여를 중시하는 이유는 일정 부분 정치적 파워를 가지고 있기 때문이다. 그리고 최고 경영자의 혁신은 반드시 성공해야 하는 당위성을 가지며, 실패의 책임은 곧 최고 경영자만이 아니라 임원들도 같이 져야 한다. 보좌를 잘못한 탓이 크기 때문이다.

정치적 속성은 팀에서 혁신 담당자를 뽑는 데서도 나타난다. 자율적으로 혁신 담당자를 선발하게 되면 부수직으로 힘없는 팀원을 세우는 경우도 있다. 퇴직을 앞둔 직원 가운데에서 혁신 담당자를 선발하여 보낸 경우를 본 적도 있다. 또 여러 부수직을 한 사람에게 맡겨 부수적 일만을 전담하게 하기도 한다. 그러나 혁신은 영향력이 있는 멤버들의 의견을 토대로 추진해야만 조직원이 변화에 좀 더 쉽게 따라온다. 프로젝트 팀원의 선발도 다분히 정치적 속성을 띤다. 프로젝트 스폰서의 정치적 입김에 따라 인력이 차출되기 때문이다. 기존 조직에서 나름 실력자로 평가받는 팀원이 프로젝트에 가는 것과 그렇지 않은 경우는 기존 멤버들이 혁신을 바라보는 시각에 상당한 영향을 끼친다. 누가 가느냐에 따라 혁신을 신뢰하는 마음가짐이 달라지기 때문이다. 그래서 혁신 팀원은 우수 요원 가운데 선발되어야 한다. 여기에 정치적 영향력이 효과를 발휘한다.

임원진에서도 특히 정치적 계보를 고려하여 혁신의 추진을 맡기거나 또는 파워를 조정하는 경우가 있다. 혁신은 나름 조직에게 변화의 중요한 시기이며 변화는 곧 힘의 변화를 의미한다. 파워의 조정기라 할 수도 있는 것이다.

조직 내의 정치는, 조직마다 그 성격은 다를지라도, 어느 정도 영향력이 존재한다면 활용할 가치가 있다. 혁신이 강력히 추진되면 혁신 리더에 따른 조직 리더가 혁신 리더의 눈치를 보는 경우도 있고, 의견을 구하기도 한다. 이러한 경향을 터부시하기보다는 혁신 성공을 위해 그리고 조직의 성공적 변화를 위해 잘 활용할 필요가 있다. 변화를 사전에 조율하는 문제라든지 어떻게 혁신을 도울 수 있는지를 미리 조율하여 움직임을 부드럽게 만들 수 있다.

혁신 관련 이벤트를 수행할 경우에도 미리 관련 임원들에게 귀띔해 주고, 최고 경영자가 바라는 방향이 무엇인지 알려 줌으로써 보다 적극적인 행동을 유도할 수 있다. 이러한 활동들을 굳이 정치적이라 할 수는 없겠지만 조직의 비정규 커뮤니케이션 통로도 잘 활용한다면 혁신에 긍정적 효과를 가져다줄 수 있다. 물론 잘못 활용하면 폐단이 분명히 있다는 것은 언급하지 않아도 잘 알 수 있다. 즉 원칙과 정도가 아닌 정치적 방법으로 문제를 풀려는 방식이 그것이다. 정치 역시 존재를 인정하고 잘 활용해야 효과를 거둔다.

그러나 권력은 어느 때나 흥망성쇠가 있고 변화가 있기 때문에 그에 대한 대비도 해야 한다. 무엇을 위해 힘이 사용되는가가 중요한 것이다. 진정한 변화와 혁신에 잘 활용되고 다시 적절히 조정되면, 혁신을 위한 힘은 상호 인정되고 존중될 수 있다.

혁신 리더의 조건　　　　　　　　　　　INNOVATION TIP!!

1. 혁신을 추진하기 위해서는 조직 내 파벌이나 정치적 영향력을 파악해야 효과를 거둘 수 있다.
2. 기업 조직의 정치는 올바르지 않은 경우가 많지만 그 실체를 무시한다고 문제가 해결되는 것은 아니다. 새로운 변화는 새로운 힘의 변화를 의미할 수 있기 때문에 조직 내 정치적 관계 역시 조율할 필요가 있다.
3. 적절한 조율과 활용 그리고 올바른 활용은 혁신에 도움이 될 수 있다. 그러나 매우 민감하고 위험한 칼을 사용할 때에는 주의가 요구된다.

10
불씨를 발견하고
지원하라

어느 조직이든
조직에 개선을 원하는 인물은 늘 있게 마련이다. 뭔가 불만이 있던 사람들은 새로운 혁신에 기대를 건다. 물론 실망이 커서 기대를 걸지 못하는 사람도 있지만, 올바른 방식으로 혁신을 추진하다 보면 반드시 관심을 가지는 인력을 만날 수 있다. 다만 확신을 그들에게 주어야 하고 신뢰를 주어야 오픈된 마음으로 도움을 얻을 수 있다. 그럴 때 그들은 평소 생각하던 새로운 건설적인 의견을 제시하게 된다. 경영진이 전체적인 방향을 잡는다면 현장의 실무자들은 그 방향이 현실로 이루어질 수 있도록 만든다. 실무자들은 변화의 방향으로 진정한 변화를 시도할 수도 있고, 변화를 하는 척 시늉만 낼 수도 있다. 보고서를 그럴 듯하게 꾸밀 수 있는 반면, 또 진정 원하는 방향이라 한다면 경영진이 원하는 이상의 힘으로 변화를 밀어붙일 수도 있다.

조직은 바로 이와 같은 특성을 지닌다. 그러기에 조직의 불씨는 매우 중요한 역할을 한다. 물론 불씨가 모든 것을 해결하지는 못한다. 불씨는 불씨로서의 역할을 감당할 뿐 불길을 지속적으로 타오르게 하는 것은 조직력이다. 흔히 불씨가 되는 사람들은 오피니언 리더들이다. 말을 잘하는 사람들이고 선동할 수 있는 능력을 갖춘 사람들이다. "이번에 한번 밀어 주자"라는 말을 할 수 있는 사람들이다. 그리고 그들을 보좌하는 다른 실무자들이 동참하게 된다면 변화는 성공했다고 할 수 있다.

불씨를 관리하는 데 중요한 점은 그들에게 실망감을 안겨 주어서는 안 된다는 것이다. 불씨는 스스로 일을 하고 불길을 전달한다. 자발적으로 불씨를 전파하는 능력. 이것이 바로 불씨인 그들이 지닌 힘이다. 불씨 스스로도 그것이 불길이라는 것을 알지 못하는 사이 그들의 열정은 전파된다. 바로 불씨는 그러하기에 불씨로서의 생명력을 가진다. 그러나 불씨가 꺼지게 하는 요소들이 있으니 그것은 신뢰를 저버리는 것이다. 리더십의 실망이나 관습 타파의 한계 봉착 등이 그것이다. 따라서 불씨를 정규적으로 관리하고 그들의 의견과 전체 방향을 지원할 조직력이 더불어 필요하다. 그리고 불씨가 모여 불길이 되도록 조직적 지원을 마련해야 하며 불길이 성과를 내도록 독려할 필요도 있다.

조직적 불길은 쉽게 일어나지 않는다. 또 불씨를 찾는 일도 쉽지 않다. 그러나 어느 조직이건 간에 불씨는 있다. 그 불씨를 잘 발견하고 관리하고 키워서 불길로 만드는 것은 리더의 몫이다. 불씨 자체를 싫어하는 리더들도 조직에 많이 있다. 그러나 혁신을 위한 건전한 불길은 그 방향을 잘 관리하고 불씨가 꺼지지 않도록 돌봐 주면 혁신 진행에 큰 힘이 될 수 있다.

조직의 힘은 크고 놀라워서 방향이 올바르기만 하다면 성과를 만들어 내는 힘을 충분히 발휘할 수 있다. 세밀한 전략이 아니어도 방향성만 맞고 그것이 조직적 합의가 되었다면 큰 힘을 가지는 것이다. 그리고 그것이 경험되고 학습되고 조직적 힘을 가질 때 조직은 개인이 상상하기 어려운 결과를 가져올 수 있다. 어차피 시장의 경쟁은 한 끗 차이로 결과가 180도 달라지게 할 수 있다. 경쟁사보다 약간 더 높은 품질이 경쟁사에 비해 수배의 시장 장악력으로 나타날 수 있기 때문이다.

불씨를 찾아야 한다. 그리고 불길을 만들어야 한다. 두려워해서는 안 되며 그 안에서 힘을 얻고 그리고 그 힘을 통해 전략적 핵심에 집중하여 성과를 얻어 내야 한다. 성과는 새로운 불길의 원동력이 되고 불씨는 불씨끼리 뭉쳐 불길이 될 때 방향을 잘 잡아 주어야 한다. 그리고 그 불길은 기존의 관습을 다 불태워 버릴 힘을 가지게 된다.

혁신 리더의 조건 INNOVATION TIP!!

1. 혁신 리더는 불씨들을 잘 알고 있어야 하며, 어떤 조건에서 불길이 되는지도 연구할 필요가 있다. 핵심 불씨들과 교류해야 하며 어디서 불길이 일어날 수 있는지 판단해야 한다. 그리고 불길을 관리할 줄도 알아야 하며 언제 바람을 불어넣어야 할지도 결정하고 실행해야 한다.
2. 바람이 분다면 반드시 성과를 내야 한다. 그리고 불길이 너무 번진다면 불씨를 조절할 수도 있어야 한다. 냉정한 판단과 올바른 방향성이 사나울 수 있는 불길을 관리하는 방법이고 그 중심에는 핵심 불씨들이 있다.
3. 불씨를 잘 관리하기 위해 리더 역시 스스로 불씨가 되어야 한다. 진정한 불길은 혁신 리더의 불씨에서 시작된다. 다른 작은 불씨가 혁신 리더의 불씨를 타게 만들기도 하고 혁신 리더가 불씨를 전달하기도 한다.

11
피드백을 통한 경쟁 유도

조직적으로
혁신 운동을 확대하기 위해 필요한 것은 경쟁이다. 경쟁을 유도하기 위해 교육 참석률과 같은 몇몇 지표를 파악하는 것을 사소한 관리라고 여길 수도 있으나, 이는 조직을 긴장시키고 새로운 기회를 만들어 자극을 주며 뒤처지지 않도록 조직원을 움직이는 효과를 가져올 수 있다. 이러한 관리 행위는 변화를 점진적으로 유도할 수 있다. 이메일 시스템을 사용하지 않는 조직의 경우 사장부터 이메일을 사용해 이를 임원에게 보내고, 임원은 아래 직급에게 보내는 방식으로 전사에 이메일 사용 시스템을 확산시킬 수 있다.

고객 관리가 미흡하다면 최고 경영자가 직접 관여하여 문제가 고쳐질 때까지 관리를 집중할 수도 있다. 이럴 경우 중간 관리자들은 긴장하지 않을 수 없다. 한번 변화를 시도했다면 스스로 알아서 관리하는 수준까지 변화를 관리해야 한다. 이때 중요한 것은 적절한 피드백이다. 개괄적 피드백에서 구체적인 피드백으로 강화하면서, 조직원이 스스로 변화하지 않으면 언젠가는 불이익이 올 것을 느끼게 해야 한다. 점차 변화하는 주변을 보고 스스로 알아서 결정하게 만드는 것이다.

물론 모든 사람이 마음까지 바뀐다고 생각할 수는 없다. 일부 불만도 있을 것이고 끝까지 거부하는 사람들도 있을 것이다. 그러나 일단 분위기를 만들어 가시화하기 시작하면 변화를 거부하던 사람들도 시간이 흐름에 따라 알아서 포기하고 대세를 따르게 된다. 변화가 가지는 가치는 시간이라는 우군을 얻으면서 대세로 변화하는 것이다. 이제 외톨이로 남을 것이냐 대세를 따라갈 것이냐는 소수의 몫이 된다. 매우 효과적인 커뮤니케이션은 소수의 리더를 중심으로 다수를 움직일 수 있다.

그러므로 대세를 만들기 위한 적극적 관리와 점진적 피드백을 통한 경쟁 유도는 조직을 변화시키는 필수 요소이다. 경쟁을 의도하지 않아도 조직이라는 특징으로 인해 자발적으로 경쟁이 유도될 수 있다. 조직의 리더들은 어쩔 수 없이 다른 조직과 비교되는 것에 신경이 쓰일 것이고 이러한 경향을 잘 활용하는 것도 효과적인 변화 유도 방법이 된다.

전체가 모인 자리에서 사실적 결과를 공유할 수도 있고 혁신 부서나 전략 기획에서 개별적으로 적절한 피드백을 줄 수도 있다. 개별적으로 리더들을 만나 피드백을 주는 것은 매우 적극적이면서도 효과적인 방법이 된다. 물론 모두가 변화를 수용하는 것은 아니다. 그러나 적절한 피드백으로 경쟁을 유도하고 올바른 방향의 개별적 의견을 듣고 조정하는 과정은 참여자들로 하여금 공감과 합의를 통한 변화로 인식되게 할 수 있다.

모두들 혁신에 대한 자심감과 자기만의 색깔을 내고자 할 때에는 전사적 혁신 발표회를 이끌어 낼 수도 있다. 분위기가 형성되지 않고 의도적으로 기간을 두고 준비하게 유도하는 것도 좋지만 분위기가 성숙되어 발표를 유도하는 것은 더욱 효과적이다. 자발성을 확보하지 않으면 관리 부담만 가중시켜 알맹이 없는 발표회가 될 수도 있다.

조직은 다분히 경쟁적이다. 그러므로 변화 과정 역시 이를 효율적으로 이용해야 한다. 그리고 그 경쟁의 초점에는 조직의 리더들이 있다. 조직의 리더들은 경쟁에 매우 민감한 것이 사실이다.

혁신 리더의 조건　　　　　　　　　　　　　　　　INNOVATION TIP!!

1. 변화의 피드백은 개괄적인 부분에서 구체적인 부분으로 점진적으로 이뤄져야 한다. 그럴 때 전체적 변화를 만들어 낼 수 있다. 몇 번의 조직적 학습을 경험하면 조직 구성원은 알아서 변화의 흐름을 알고 목표에 접근한다.
2. 조직원을 변화시키기 위해서는 위로부터의 변화가 가장 강력하고 효율적이다. 시간이 흘러 조직의 규칙으로 규정화하면 변화가 고착화된다.
3. 이때 주의해야 할 것은 충격은 단기간에 주되 변화는 어느 정도 여유를 가져야 한다는 점이다. 충격이 클수록 변화의 저항도 크다는 점을 인정할 필요가 있다. 변화가 배려되었을 때 전체의 포용력도 커진다.

12

변화의 진도를 보여 줄 기회를 제공하고 우수 인력을 발탁하라

혁신 활동을 보여 줄 기회는 프로젝트 단계별로 많이 존재한다. 현황 문제점 파악에서부터 미래 모델 설계, 전략적 의사 결정 등 여러 단계에 걸쳐 혁신의 진도를 보여 줄 수 있다. 또 중간 중간 변화 준비도 조사 등을 통해 통계적 확인도 가능하다. 그리고 자체적으로 혁신 활동의 결과를 경과 보고하는 식으로 조직별로 발표하게 할 수 있다.

이러한 기회는 조직별로 혁신 활동을 촉진할 뿐 아니라 그동안 조직에 숨겨져 있던 혁신 리더들을 발탁하는 계기가 된다. 난세에 영웅이 난다고 했다. 어려운 환경을 극복하고, 도약해야 할 혁신 주제에 대해 실력을 발휘할 수 있는 인재를 발탁할 기회를 얻을 수도 있다. 기존 팀장들 중에서도 혁신 의지를 돋보일 스타가 탄생하기도 하고 실무자 중에서 소신 있는 혁신 의지를 논리 정연하게 발표하는 진주를 발견할 수도 있다.

이러한 혁신 리더들의 발탁 과정은 조직원이 혁신에 더욱 관심을 가질 수 있도록 유도할 뿐 아니라 혁신 멤버들로 하여금 자신의 경력 관리상 혁신을 중요한 이정표로 관리하게 하여 관심을 기울이도록 한다. 조직의 성장과 발전을 위해서는 조직원이 혁신을 통해 발탁되고 중요한 경력의 요소임을 인식시키는 것 역시 중요하다.

중요한 이정표상에서 최고 경영자의 칭찬 한마디는 혁신 조직을 생동감 있게 만들기에 충분하다. 조직은 어려운 상황에서 인재를 발견하고 칭찬으로 춤추게 만들 수 있다.

혁신의 소영웅들

미래 모델을 프로젝트 멤버들이 발표할 때는 특히 더 신경을 많이 쓸 필요가 있다. 왜냐하면 이때 혁신의 소영웅들이 탄생하기 때문이다. 혁신의 소영웅은 최고 경영자에게 칭찬받는 혹은 임원에게 칭찬받는 사람을 말한다. 그들은 김 아무개 대리, 박 아무개 과장, 홍 아무개 차장 등으로 직접 이름이 호칭되면서 최고 경영자나 임원으로부터 감명 깊었다는 이야기를 듣는 희열을 맛보게 된다. 이를 위해 수개월을 준비하는 경우도 있다.

필자가 아주 인상 깊게 보았던 경우는 프로젝트 관리자가 발표자들을 한 달 전부터 남겨서 발표 연습을 시키는 일이었다. 발표 내용도 내용이거니와 혁신 방향에 대한 자신감을 임원들에게 보이고 싶었던 모양이었다. 처음 시작은 불만족스러웠다. 발표 자체를 부담스럽게 여기는 사람도 있었고, 경험이 부족한 사람도 있었다. 그러나 이겨 내야 하는 과정이었고 발표 당일 정말 영웅들이 나왔다. 최고 경영자가 직접 이름을 호칭하면서 칭찬하였고 이어 임원들의 칭찬이 이어졌다. 그러한 자신감이 혁신을 성공시키는 초석이 되었음은 말할 나위 없다.

그날엔 팀장들도 모두 참석했는데, 혁신에 대한 신뢰를 심어 주는 좋은 계기가 되었다. 혁신의 과정은 신뢰를 심는 과정이고 그 신뢰를 바탕으로 모두를 움직이게 할 수 있다. 신뢰가 적으면 움직이는 데 더 많은 시간이 소요된다. 혁신 과정에 이러한 몇몇 영웅들의 탄생이 혁신의 불을 댕기는 계기가 됨은 물론이다.

혁신 리더의 조건 INNOVATION TIP!!

1. 미래 모델을 발표하는 자리에 참여하는 최고 경영자 혹은 임원은 꼭 발표자의 이름을 언급하며 그 성과를 이야기할 필요가 있다. 발표자는 자기 이름이 기억되는 것에 매우 민감하기 때문에 혁신을 추진하는 과정 중 중요한 촉진제가 된다.
2. 부족한 부분에서는 지지해 주는 말을, 잘한 것에 대해서는 칭찬을 아끼지 말아야 한다. 왜냐하면 그 발표자가 회사의 미래를 그리고 있기 때문이다.
3. 아주 사소한 말이라도 발표자는 그 내용을 기억하고 혁신 내내 자신감에 불타 열정을 발휘하거나 실망감으로 움츠러들 수 있다. 그리고 그러한 영향은 혁신의 결과를 만들어 낸다.

4

조직을 향한 선전포고

INNOVATION LEADER

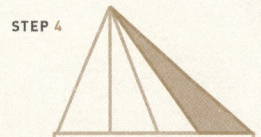

STEP 4

네 번째 산행
조직을 훈련시킨다.

이제 승부수를 띄워야 한다. 다수가 쉽게 따라오지 않지만 한번 움직이면 힘이 크다.
혁명군과 리더십을 바탕으로 조직 전체를 움직여야 한다.

01 깡통 커뮤니케이션
깡통 시나리오의 경우

혁신에 대한 홍보 팀 생각

　혁신을 하려면 과정을 알려야 하므로 간헐적으로 혁신 과정에 대한 커뮤니케이션이 있어야 하고, 이를 진행하는 것은 프로젝트 팀이 할 일이다. 다만 혁신의 진행 방향은 아래로부터 이루어져야 하므로, 변화가 이루어지지 않는 것은 조직원의 나태함 때문일 가능성이 크다. 조직원에게 많이 이야기한다고 이 문제가 해결되지는 않는다. 프로젝트 팀이나 담당 부서가 적극적인 업무를 개진하는 것으로 이 문제를 개선할 것이다. 해당 팀을 문책하는 방법이 있을 수 있으나 전사에 알릴 필요까지는 없다. 타사의 많은 사례 역시 홍보 효과일 뿐 실질적인 변화에 영향을 미치지 않는다. 아무리 많은 포스터를 붙여도 변하지 않는 것이 사람이다. 그보다는 담당 부서의 역량을 키우는 것이 더 중요하다.
　타사 사례나 정보를 공유하는 것이 조용한 변화를 이끌 수 있기 때문에 자칫 문제의 소지가 될 감정적 자극은 피하는 것이 좋다.

괜한 분란을 일으키고 사례에 없는 이벤트는 득보다 실이 많다.

이벤트는 메시지 전달 이상의 의미를 가지지 않으므로, 정규 매체를 통해 전달하고 공문으로 확인하는 정도를 수행하는 방법을 채택하는 게 좋다. 대외적으로 알려지는 것은 오히려 부담스럽고 인상만 나빠질 수 있다.

깡통의 조짐　　　　　　　　　　　　　　INNOVATION TIP!!

1. 적극적 커뮤니케이션에 배타적이다.
2. 감정적 자극을 원치 않는다.
3. 전사적 혁신이 아닌 부서 역량 강화를 지향한다.
4. 이벤트의 전략적 활용에 대한 지식이 부족하다.
5. 대외 홍보에 부정적이다.

02
조직을 향한 선전포고
베팅 시나리오의 경우

품질 관리에 대해 이야기를 해 온 지 꽤 오래되었다. 나만 마음이 급한 것인가? 임원들은 중요하다는 점을 이해하기는 하지만 그래서 어떻게 하라는 것인지 잘 모르겠다는 표정이다. 극단의 방법을 동원하고 혼신을 기울이기를 바라는 마음이지만 내 마음 같지 않아 큰일이다. 정말 화가 난다. 그토록 이야기를 많이 했건만 나름 최선을 다한다는 말로 나의 의지를 시험하는 듯하다. 물론 그들의 입장을 모르는 바 아니다. 여기까지 나름 발전시켜 왔고 지금의 성과도 사실 그들이 노력한 결과이다.

그러나 나는 여기서 만족하지 않는다. 뭔가 더 많은 자원을 품질에 쏟아붓고 싶고 그것만이 현 경영 환경에서 살아남는 길이라고 확신한다. 나의 확신이 틀리지 않기를 바라며 수없이 반복하여 확인 작업을 해 왔다. 이제 더 물러설 수 없다. 배수진을 치고 내 경영 생명을 걸고 덤벼야 할 것 같다. 왜 이렇게 내 마음 같지 않은가? 절대 조직을 믿지 말라던 분의 말씀이 생각난다. 역시 리더는 외롭고 힘든 길인 모양이다.

인사 팀을 불러 이벤트를 논의하도록 했다. 뭔가 조직에 충격을 줄 일이 필요하다고 했다. 혁신 팀도 불렀다. 혁신 팀의 지지부진한 프로그램을 이벤트 이후 지속적으로 추진할 것을 재확인하고 이벤트 이후 시나리오를 지시했다. 이제 본격적으로 임직원의 변화에 대한 한판 승부가 펼쳐질 마음의 준비를 하고 있다. 나는 더 이상 물러나지 않을 것임을 이번에 확실히 보여 줄 것이다. 내가 이 자리에 있는 한 끝까지 물고 늘어질 것임을 알려 줄 필요가 있다고 생각한다. 아직 조직원이 나의 이런 의지를 잘 모르는 것 같다.

인사 팀에서 조심스럽게 보고를 했다. 과연 얼마만한 불량 제품을 제물로 삼아야 하느냐는 것이었다. 너무 손해가 심하다는 의견이었고 적당히 해야 하지 않느냐는 문제 제기였는데, 나는 여기서 타협하면 안 된다고 생각했다. 인사부장에게 물었다. 그 정도로 조직원이 충격을 받겠냐고 수위를 점차 높여 갔지만 그들이 나의 마음처럼 결단을 할 수는 없는 노릇이었다. 내가 결정을 했다. 모든 불량 제품을 다 폐기한다고 선언해 버렸다.

인사부장은 재고를 건의하면서도 올 것이 왔다는 표정이었다. 내 의지에 혁신 팀도 분위기가 사뭇 심각해졌다. 나는 속으로 미소를 지었다. 물론 부담스러운 일이 아닐 수 없었지만 이제 뭔가 좀 되려나 하는 기대감도 가지게 되었다. 자 이제 시작이다. 여기서 멈추지 말고 계속 밀어붙여 보자. 뭔가 보일 때까지 밀어붙이는 거다.

전략실장을 불렀다. 조직이 얼마나 견딜 수 있을까를 물어보았다. 한번 해 보자고 했다. 그래 해 보는 거다. 전략실장에게 조기 성과를 가시화할 당근거리를 찾으라고 지시했다. 밀어붙이면서 당근을 주어야 한다는 생각이 들었다. 그들도 뭔가 성취감을 맛보아야 하지 않을까?

우선 이번 이벤트가 조직에 정말 내 마음을 전달하는 계기가 되길 바란다. 하지만 조직을 아직 믿지는 못하겠다. 아직도 움직이려면 멀었다는 느낌이 든다. 이번 기회를 통해 아예 대외적으로 기자들에게 적극 알려 변화의 배수진을 치려 생각한다.

베팅의 의지 INNOVATION TIP!!

1. 핵심 혁신 요소에 대한 의지가 강렬하고 집요하다.
2. 상황이나 여건에 집착하지 않는다.
3. 현 수준에 만족하지 않는다.
4. 조직적으로 메시지 전달을 시행하고 사후 관리에 철저하다.
5. 지속적 커뮤니케이션 의지를 가진다.
6. 대외적 혁신 마케팅에 적극적이고 전략적이다.

03
이벤트는 의지를 담은 메시지여야 한다

혁신 추진의 핵심은 조직의 대다수가 변화에 참여하느냐에 달려 있다. 전장에서도 배수의 진을 치기도 하고, 장수의 결연한 의지를 담은 연설이 병사들의 마음을 움직이기도 한다. 이순신 장군도 "생즉필사 사즉필생(生卽必死 死卽必生)"이란 유명한 말씀을 남기지 않았던가? 유명한 전투에는 유명한 메시지가 있다. 혁신에서도 최고 경영자의 어록 등을 관리하는 이유는 그 메시지가 조직원에게 미치는 영향이 크기 때문이다. 메시지는 의지를 담아야 한다. 변화 관리 활동 자체가 중요한 것이 아니라 조직원에게 주는 메시지, 그래서 조직원이 인식하는 메시지가 중요한 것이다.

유명한 재벌 총수가 품질 혁신을 강조하면서 불량품을 가져다 놓고 화형식을 한 예가 있었다. 수백 억 원어치를 불태우고 부수는 장면은 조직원에게 매우 충격적이었을 것이며 이를 모방한 화형식들이 많았다. 그러나 화형식 자체의 효과가 조직마다 다르게 나타났다. 왜였을까? 그것은 두 가지로 요약될 수 있다. 첫째는 화형식 자체에 메시지가 없었기 때문이고, 둘째는 후속 변화 프로그램이 전개되지 않았기 때문이다.

메시지는 조직원에게 달리 전달된다. 화형식을 했어도 둔감한 조직이 있고 품질에 대한 이슈만 터져도 난리가 나는 조직이 있다. 화형식까지 했던 이유는 아무래도 조직에 충격이 필요하다는 판단에서였으리라. 활동 자체가 중요하다기보다는 활동이 담고 있는 메시지가 중요하다. 활동은 다만 메시지를 전달하는 수단이다. 활동은 최고 경영자가 얼마만큼의 의지를 가지고 변화를 추구하고 있다는 메시지를 전달할 때 의미를 가진다. 활동이 최고 경영자의 혁신 의지를 잘 전달하지 못하거나 다른 방향으로 인식된다면 아무리 메시지가 강렬했다 하더라도 의미가 반감된다.

의지를 담은 이벤트는 최고 경영자가 확고한 의지를 가지고 변화를 추구한다는 것을 조직에 선포하는 과정인 것이다. 조직원은 아마 이러한 행사 이후에 이런 생각을 할 것이다. '내가 이 조직에 있고 저분이 저 자리에 계속 있는 한, 계속 저 내용을 가지고 지속적으로 나를 괴롭히겠구나. 괴로움을 당하느니 변화하는 척이라도 해야겠다.' 이러한 메시지는 조직을 움직이게 만든다. 적어도 움직이는 척이라도 해야 하기 때문이다.

더 중요한 문제는 이러한 이벤트 이후에 오는 변화 프로그램이다. 조직이 움직일 수 있도록 가이드해 주어야 하는 것이다. 그래야 훈련이 된다. 조직은 매우 둔감한 코끼리와도 같아서 크게 크게 움직이는 훈련을 시켜야 한다. 변화의 충격만 주고 이제 알아서 움직이라고 하면 원하는 방향으로, 지속적으로 움직이지 못할 때가 더 많다. 혁신으로 훈련되지 않은 조직은 한두 번 충격으로 스스로 움직이지 않는다. 움직일 조건은 되었다 해도 어떻게 움직일지 다음 단계를 모르기 때문이다. 당연히 알아야 한다고 생각하지만 움직일 마음만 있지 무엇이 맞는지도 모르고 혹 짐작을 하더라도 선뜻 먼저 움직일 엄두를 내지 못하는 것이 조직이다.

흔히 조직 개편 등을 통해 조직에 큰 충격을 주기도 하지만 변화의 내용을 세부적으로 지적해서 가이드해 주지 않으면 원하는 방향으로 움직여 주지 않는 경우가 많다. 그저 놀라는 척하고 움찔할 뿐이다. 이제 움직였다면 그들이 신나도록 만들 필요가 있다. 고마움도 표시하고 움직여 주면 박수도 쳐 줄 필요가 있다. 그것이 바로 변화 프로그램이다. 이를 위해서는 별도의 기동대가 필요하다. 인사에서 움직여 준다면 가장 좋은 변화 촉진 역할을 해 줄 수 있다.

혁신 리더의 조건   INNOVATION TIP!!

1. 혁신의 수준에 적합한 메시지가 필요하다.
2. 메시지보다 더 중요한 것이 사후 변화의 프로그램이다.
3. 처음에 단계별로 가이드해 주지 않으면 조직은 원하는 방향으로 속히 움직이지 못한다.
4. 조직 스스로 움직이려면 어느 정도 변화의 연습이 필요하다.
5. 조직이 올바른 혁신의 자세를 갖추고 성과를 내기까지 일정 기간 훈련이 필요하다.

04
변화 메시지 이후 변화 프로그램으로 성과 거두기

변화 메시지는 조직의 움직임이 없거나 느릴 때 충격 요법으로 사용하는 방법이다. 그러나 이러한 충격은 너무 작아도 안 되고, 자주 사용해도 효과가 없을 수 있다. 그러므로 시행하려 한다면 강력해야 하며, 또 강력한 효과가 없어지기 전에 후속 프로그램으로 움직임을 만들어야 한다. 그리고 움직임을 만들었다면 자생적 변화의 효과를 만들 시스템도 필요하다.

예를 들어 보자. 품질 관리를 강조하는 새로운 CEO가 조직에 부임했다. 품질을 아무리 강조해도 겉으로만 알겠다고 하고 관리를 강화하지 않자 벼르고 벼르던 일을 하였다. 불량품을 모아 놓고 또 사전에 인터뷰한 고객들의 인터뷰 내용을 공개했다. 임직원을 모두 모아 놓고 이를 공개하고 선전포고를 하였다. 불량품을 모두 소각하고 향후 불량률이 줄어들 때까지 집중 점검하겠다고 하였다. 모두들 우리 회사가 선진 기업도 아닌데 너무 높은 요구를 하는 것 아니냐는 표정을 지었지만 속으로는 사장이 품질에 제일 우선을 두니 어쩔 수 없지 않느냐는 생각을 가지게 되었다.

그리고 일주일이 흘렀다. 사장은 최종적 품질 지수를 관리하기는 했지만 중간 단계의 품질 관리는 잘 모르는 듯했다. 그저 최종 불량품만을 관리했다. 문제점이 나오면 이유는 각양각색이었다. 기계가 오래되어 그렇다는 둥 누구누구의 책임이라는 둥 저마다 이유가 있었다. 그러나 정작 개선 방향에 대해 어떤 고민의 흔적과 관점을 가지고 이야기하는 사람은 없었다. 그저 앵무새와 같이 교과서적인 이야기를 하는 사람만 간혹 있을 뿐이었다.

신임 사장은 이렇게 해서는 안 되겠다고 마음먹고 품질 관리 조직을 발족시킨다. 별도의 품질 관리 조직이 품질 검사를 주관하도록 하고 어느 과정에서 중간 관리를 할지 보고하도록 한다. 그리고 목표를 제시하도록 만든다. 여기서부터가 진정한 변화의 시작이라 할 수 있다. 이벤트로 끝나서는 안 되고 후속 조치가 필요한 것이다. 전문 조직을 만들든지 구체적인 프로젝트를 진행시켜야 한다. 또 변화가 지속되도록 평가가 연동될 필요도 있다.

첫 번째 실적이 나오면 대서특필을 하고 변화에 성공한 것을 매우 중요한 포인트로 이야기한다. 그러면 조직은 움직이기 시작한다.

조직이 자생적으로 움직일 때까지 새로운 체제를 육성 발전시켜야 한다. 성과 관리를 위해 목표도 주고 인센티브도 주고 혁신 활동도 시키다 보면 조직 스스로 성장·발전하는 시스템을 갖추게 된다.

혁신적인 성과가 자극이 되고 그것이 반복되다 보면 조직은 이제 자생적인 발전의 기틀을 갖추게 된다.

이러한 전략적 판단이 시장에 적합한 판단이었다면 그에 대한 보상이 돌아온다. 물론 전략적 판단이 정확해야 하는 베팅이긴 하지만 조직에 좋은 훈련도 되는 것이다.

혁신 리더의 조건　　　　　　　　　　　　INNOVATION TIP!!

1. 변화 프로그램을 만들어 자생력을 갖출 수 있는 훈련을 해야 한다.
2. 혁신 리더는 조직이 자생력을 갖출 때까지 혁신의 자세를 유지해야 하고 자가 성장의 체질을 갖기까지 조직을 보호 육성해야 한다.
3. 성장은 단계가 있고 단계별로 발전한다. 이를 위해 정규적인 특별 훈련, 즉 혁신 활동이 필요하다.
4. 성장의 보람을 얻기 위해서는 비전과 구체적인 목표가 필요하며, 성과라는 열매는 조직에 성장 촉진제가 된다.
5. 선순환의 사이클이 만들어지면 올바른 혁신의 자세를 갖추기 위해 스스로 노력하고 보상받는 체계를 가지게 되고, 조직은 스스로의 관성에 따라 지속 발전할 체질을 가지게 된다.

05
변화를 위한 힘 있는 독려

혁신은 칭찬의 말로 격려하는 데에서 폭발적인 힘을 발휘한다. 부족한 점을 이야기하는 것은, 말하기도 쉽지만 상대를 방어적인 태도로 임하게 한다. 일에는 저마다 다 이유가 있기 때문이다. 이런 방법을 쓸 경우에는 적극적인 개선안을 만들어 내지 않는다. 누군가 만든 작은 실적이라도 찾아내야 한다. 작은 변화에 대해서도 매우 과장되게 보상할 필요가 있다. 초기 용기를 내고 개선을 시도한 사람에게는 용기와 도전에 대한 보상이 따라야 한다. 성과가 미약하다 하더라도 적극적인 보상의 노력이 주어질 때 조직은 이를 믿고 움직이기 시작한다. 움직이기가 어렵지만 한번 움직이기 시작하면 조직의 문화가 된다. 그래서 초기 움직임은 아주 작은 것일지언정 매우 중요한 것으로 반응해 주어야 한다. 누구나 할 수 있는 것이라고 치부해서는 안 된다. 중요한 것은 일의 어려움이 아니라 변화를 시작할 수 있는 용기이기 때문이다. 그러한 용기 있는 행동의 결과 작은 성과라는 씨앗을 얻게 된다.

이러한 용기에 대해서 조직의 리더들이 어떻게 반응하느냐는 조직 분위기에 중요한 자극제가 된다. 성과가 작다고 해서 더 큰 것을 기다리기만 할 것이 아니라 먼저 움직인 것에 대한 응당 대우를 해야 한다. 그래야 더 큰 것을 얻는 자극이 될 수 있다. 생색이 아니라 진정 고마움의 표시가 되어야 하며 그러한 조직적 배려와 인정을 통해 조직 전체가 이를 학습하고 또 먼저 된 자들은 더 큰 성과를 추구하게 된다.

가장 좋은 것은 조직의 리더가 움직이고 인사가 조직원의 움직임을 독려하는 것이다. 즉 최고 경영자가 초기에 나서야 하고 인사가 주관이 되어 평가에 연동시키는 것이다.

혁신 과정에서 미래 모델을 제시하는 단계가 있다. 임원과 최고 경영자가 미래 도전적 모델에 관심을 가지고 기대감을 가질 때 혁신 팀원들은 용기를 가지고 새로운 도전을 시도하게 된다. 또 시도된 도전을 성취하려 애쓰게 된다. 변화와 혁신은 어떠한 프로그램이나 방법론에 의해 이뤄 내는 것이 아니라 조직의 구성원에 의해 이뤄진다는 점을 잊지 말고 혁신의 리더들을 키워 가는 혁신 과정을 거쳐야 한다.

혁신 리더의 조건   INNOVATION TIP!!

1. 혁신의 단초를 제공하는 조직원을 찾는다.
2. 변화의 시동을 걸어 줄 사람을 찾아 격려하고 자원을 제공하여 지치지 않도록 한다.
3. 조직은 한번 움직이기 시작하면 어디론가 굴러가게 되어 있다. 조직이 움직이기 시작했을 때 방향을 잘 잡고 멈추지 않도록 한다.
4. 자동으로 이루어지는 혁신은 하나도 없음을 명심한다. 또한 혁신은 모두 사람의 의지로 이루어진다는 점도 잊지 않는다.

06 혁신 마케팅의 중요성

혁신을 마케팅하라! 혁신은 분위기이다. 대내적으로 그리고 대외적으로도 보다 적극적으로 알릴 필요가 있다. 혁신은 주가를 움직이게 만들기도 한다. 기억에서 지워져 가는 기업도 혁신을 통해 가능성을 재인식하게 만든다. 혁신을 한다고 하면 주주들도 다시 기대를 가져본다. 뭔가 다시 해 보려는 조직적 열망을 느끼고 다시 지원을 보내는 것이다. 그러나 많은 기업들이 이러한 대내·대외적 혁신 마케팅에 소극적이다. 혹 실패를 할까 두렵기 때문일 수도 있다. 많은 투자를 한 데 대한 부담감이 작용할 수도 있다. 또 사치스럽다고 느껴서일 수도 있다. 혁신 자체에 투자를 해야지 어떻게 마케팅 활동을 하느냐는 생각에 주저할 수도 있다.

그러나 이러한 장애물이 있기에 더욱 혁신을 알리는 데 힘써야 한다. 혁신 알리기는 스스로를 죄는 도구로 사용할 수도 있고 주변의 도움과 지지를 얻는 방법으로도 사용할 수 있다. 혁신 역시 마케팅이다. 커뮤니케이션이 더 잘될 때 모두가 원하는 방향을 잘 인식하고 성과를 조기에 가시화하도록 초점을 잡을 수 있게 도와준다. 혁신의 성과를 위해 배수진을 치고 조직 모두가 몰입하게 만드는 효과를 가져오게 한다.

마케팅에는 전략이 필요하다. 주요 이해 관계자별로 혁신을 각인시키고 의지를 다지게 만드는 그런 마케팅이 필요한 것이다. 혁신은 긍정적인 마인드로 얻을 수 있는 의지의 산물이다. 혁신을 추진하는 최고 경영자부터 시작하여 혁신 팀, 혁신을 지원하는 임원 및 일반 임직원, 심지어는 주주들에서 협력 업체까지 혁신 자체의 성공을 기대하게 만들어야 한다.

품질에 전혀 문제가 없는 제품은 없다. 그러나 품질에 전혀 문제가 없듯이 광고를 해야 물건이 팔리는 법이다. 그리고 많이 팔리면 더 좋은 품질의 제품이 만들어지도록 더욱 노력하게 될 것이다. 혁신도 마찬가지이다. 많은 긍정적 마인드들이 모여 서로 돕고 서로 노력하고 서로 자극이 되어 불가능한 과거가 가능한 미래로 바뀌어가는 것이다. 그리고 그렇게 바뀌는 과정은 사람들에 의해 비로소 가능해지고, 사람들은 긍정적인 의지를 통해 성공적인 결과를 얻을 수 있게 된다.

혁신 리더의 조건 INNOVATION TIP!!

1. 혁신은 사람들이 모여 긍정적 마인드로 이뤄 내는 산물이다.
2. 주요 이해 관계자들의 적극적인 협력과 지지가 과거에 불가능했던 일을 가능케 만든다.
3. 변화와 혁신의 성공 가능성은 성공할 것이라는 믿음과 그들 간의 상호 신뢰에 비례한다.
4. 성공을 위한 긍정적 에너지를 위해 보다 적극적인 대내외 마케팅과 커뮤니케이션이 필요하다.

5

변화의 힘을 길러야 승리할 수 있다

INNOVATION LEADER

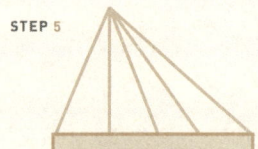

다섯 번째 산행
산행 전반에 걸쳐 실행의 도구를 만들어 나간다.

전략과 세밀한 계획만으로는 성공할 수 없다.
구체적인 실행 도구가 개선된 현실을 만들어 내야 한다.

01

힘을 기르지 않고는 이길 수 없다

깡통 시나리오의 경우

프로젝트는 조용히 진행되었다. 특히 관련 시스템이 개발에 들어가면서 혁신은 잊어지고 있었다. 임직원은 이제 소용돌이는 끝났고 예전으로 돌아가면 된다고 생각했다. 한번 훈련을 받은 것뿐이라고, 조직 생활을 하려면 이런 훈련이 이따금씩 있다고 이야기하곤 했다. 모두들 과거의 난관을 잊었고 프로젝트 팀만이 부담을 느끼는 정도였다. 이제 혁신은 프로젝트 팀의 몫이 되었다.

그리고 혁신의 결과물은 사람이 아니고 제도나 시스템이 되어 가고 있었다. 문제는 시스템이 에러 없이 잘 작동하면 되는 것이었다. 변화는 크지 않았고 모양이 예쁘게 그리고 기능이 다양화되면 그만이었다.

진행 과정에 잡음이 없도록 하기 위해 애썼다. 빠른 진행을 위해 테스트 과정도 되도록 간소화했다. 예전에 비해 인터페이스가 좋아졌고 예전 업무를 지원하는 시스템 기능이 늘어났다. 좀 더 세련된 인프라를 위해 IT 기술에 더 많은 투자가 이루어졌다.

프로젝트 팀원은 이제 이슈를 꺼내기를 꺼렸다. 모두들 그렇게 조용히 시간을 흘려보내고 있었다. 그저 문제없이 일이 진행되는 것 그 이상이 없었다. 이슈가 많이 나오지 않게 하기 위해서는 되도록 커뮤니케이션을 줄이는 길이 하나의 방법이었다. 또 되도록 기존 기능에 충실하면서 새로운 기능을 첨가해야 했다. 혁신적인 방법이나 기능들은 뭔가 논쟁거리만 많아지고 결론도 나지 않고, 설사 구현되었다 하더라도 예전과 비교 대상이 되었다. 그래서 극단적인 방법보다는 점진적인 방법들을 택하였다. 기존의 미래 업무 설계 모델은 슬그머니 꼬리를 감추고 설계 사상과 다르다 하더라도 서로 눈감아 주고 넘어가는 분위기가 되었다. 현실적 어려움에 서로 타협을 한 셈이다.

투자는 많이 되었지만 눈에 띄게 좋아진 점은 많지 않았다. 다만 잡음 없이 잘 끝났다는 데에 서로서로 만족하고 있었고 혁신이라는 과정을 거친 데에 만족해야 했다.

임직원은 뭔가 지나갔고 일부가 개선되었을 것이라는 막연한 기대감만 가졌다. 새로운 변화는 많지 않았기에 그저 기존 정보 시스템을 조금 업그레이드하는 정도로 여겼다. 좀 더 좋아진 인터페이스와 기능들에 만족해야 했고 왜 그 많은 투자가 이뤄져야 했는지는 관심 사항이 아니었다. 그렇게 혁신이라는 과정을, 전체를 대신하여 한 부서에서 한번 치러 낸 것뿐이었다.

> **깡통의 조짐**   INNOVATION TIP!!
>
> 1. 초심을 잃어 간다.
> 2. 설계 사상과 구현을 별개로 여긴다.
> 3. 이슈 해결과 같은 문제를 개선하는 커뮤니케이션을 의도적으로 줄인다.
> 4. 일부 부서의 일로 치부한다.
> 5. 과거의 노력은 잊어져 가고 통과 의례였다고 이야기한다.
> 6. 혁신은 원래 한계가 많은 것이고 그래서 성공하기 어려운 것이라며 현재의 상황에 자위한다.

02
변화의 역량을 길러야
승리할 수 있다
베팅 시나리오의 경우

변화 사항이
정리되고 나서 임원진은 이제 한숨을 쉬었다. 이제 미래 모델이 설계되었으니 프로젝트 팀에서 다 알아서 할 줄 알았다. 이젠 임원의 몫이 아닌 듯했다. 그러나 변화는 이제부터였다. 변화하는 주체는 바로 사람이고, 임직원이 새로운 변화를 준비하고 대비해야 한다는 게 핵심 사항이었기에 임직원 교육이 바로 시작되었다.

정신 교육부터 시작하여 왜 변화해야 하고, 무엇이 변화되는 사항들인지, 무엇이 바뀌고 무엇을 준비해야 하는지에 대해 교육이 이루어졌다. 직원들은 상급자 눈치만 보며 지내다 이제 올 것이 왔다는 느낌을 가지게 되었고, 일부 목소리를 내는 사람들도 생겨났다. 아마도 직원들 속에서도 뭔가 변해야 한다는 마음을 가진 사람들이 많이 있었던 것 같다.

갑자기 혁신 회의체가 만들어지기 시작했다. 혁신을 이해하고 스스로 변화의 목록을 만들도록 독려되었다. 그중 일부는 발표회에 나가 발표도 하고 상도 받았다. 회사가 뭔가 변화한다는 느낌을 받기 시작했다. 회사에 나가는 것 자체가 혁신 운동을 하기 위해 출근하는 듯했고, 조직의 분위기는 업무를 위한 혁신이 아니라 혁신을 하기 위한 업무를 하는 듯했다. 이제 혁신이 점차 조직의 새로운 코드로 인식되기 시작했다.

직원들 역시 막연히 변화해야 한다는 것은 알았지만, 이렇게 현실의 변화가 빨리 다가올 줄 몰랐다. 이제 시간이 다가왔고 내부 토론을 거치면서 변화는 당연하고, 절실하고, 치열하게 고민해서 성공해야 한다는 분위기로 바뀌는 것을 느끼게 되었다. 그리고 가혹하리만치 힘들고 되풀이되는 교육과 테스트가 진행되었다.

시스템 구축 전 교육과 구축 후 교육에는 수많은 시간이 투여되었다. 이제 새로운 체제로의 변화도 하루 빨리 바뀌었으면 하는 분위기마저 있었다. 사전 교육에 지쳐 빨리 변화하지 않으면 서로 지치겠다는 생각을 하였다. 이제 좀 부담스러운 변화 역시 당연한 것으로 받아들여졌다.

초기에 약간 혼란은 있었지만 워낙 교육과 사전 연습이 많았던 관계로 이내 적응하려고 노력하게 되었다. 중요한 일이라는 인식이 머리에 박혀 있었기에 시키는 대로 열심히 임했다. 그러니 조금씩 안정화가 되어 가는 듯했다. 불만이 없는 것은 아니었지만 그저 중요하다고 알고 있었기에 묵묵히 따랐고, 과정이 혹독했지만 그 혹독함도 정리가 되는 듯했다.

익숙해지기 시작하면서 뭔가 다른 아웃풋이 나오기 시작했다. 익숙하기 전까지는 뭐가 좋은지 몰랐지만, 익숙해지고 나니 핵심이 무엇인지 조금씩 느낄 수 있었고, 혁신의 힘이란 이런 것인가 하는 생각이 들었다. 새로운 변화에도 이내 예전에 언제 그랬냐는 듯 익숙해지기 시작했다. 새로운 시스템은 좋은 시스템이었다. 쓰기 편한 시스템이 아니라 어려운 일을 도와주는, 전략적 업무를 잘 지원해 주는 효율적인 시스템이었다.

회사에서는 혁신의 성과가 나타나기 시작했다고 좋아하는 듯했다. 난 잘 모르겠지만 하여튼 회사가 발전한다 하니 좋은 듯하다. 이번에 보너스나 좀 많이 나왔으면 좋겠다는 생각을 해 본다. 다 돈 벌려 하는 일 아닌가?

베팅의 의지　　　　　　　　　　　　　　INNOVATION TIP!!

1. 구체적 실천을 위한 준비를 강화하고 조직 내부에 실천 지향적 조직(역할)을 구성한다.
2. 교육을 강화하고 강압적 방법을 동원해서라도 공감대를 높인다.
3. 실행을 위한 구체적 실천 방안을 교육하고 실행 역량을 높이기 위해 사전 연습하고 점검한다.
4. 구체적 활동을 통해 조직원에게 이제 변화는 거스를 수 없는 상태임을 인식시킨다.
5. 조직원이 변화에 앞장서는 모습이 사례로 발견된다.

03 변화를 성공시킬 핵심 역량을 습득하라

혁신을 하는 과정에서 필수적으로 필요한 것이 있다. 핵심 역량을 비약적으로 강화시켜 경쟁 기업이 절대 따라오지 못하도록 하는 것이다. 이때는 전략을 매우 잘 써야 한다. 자동차의 경우 소비자가 차 문을 여닫아 보며 차의 성능을 간접적으로 느낀다고 한다. 처음 시승을 하기 전에 자동차 문을 여닫아 보는데 그때 경쾌한 느낌이 들어야 한다는 것이다. 소비자의 핵심을 꿰뚫어 보고 핵심 전략에 집중해야 하는데 이때 필요한 역량을 집중적으로 강화시키도록 준비해야 한다.

품질 경영, 고객 만족 경영, 프로세스 혁신 모든 것이 다 중요한 것 같지만 상황에 맞추어 한두 가지 핵심 역량에 집중해서 경쟁에서 이기는 것이 무엇보다 중요하다. 이 과정에서 선택과 포기가 있게 된다. 포기하지 않으면 좀 더 집중할 수 없기에 베팅을 해야 할 때도 있다. 포기한 부분이 위험 요소인지 아닌지 가늠하고 베팅하는 것이 중요하다. 너무 소극적으로 이것저것을 다 선택하다가는 집중할 수 없게 된다. 지금의 어떤 선택이 중요한지 살펴야 하고 핵심에 집중하여 성과를 거두어야 한다.

요즘은 정보 기술을 전략적으로 활용하는 경우가 많다. 이 경우에도 핵심 역량을 강화하는 방향으로 집중할 필요가 있다. 예를 들어 정보 기술을 통한 비용 절감 요소든지 협업을 통한 스피드 강화 등 전략적 초점을 정하고 성과를 집중 관리해야 한다. 그래야 대규모 투자의 의미를 명확히 하고 성과를 조기에 가시화할 수 있다. 물론 혁신 활동을 통해 여러 가지 성과를 기대할 수 있다. 그러나 가시적 의미를 가질 명확한 몇 가지가 핵심적으로 중요하다. 그렇게 가시적 성과가 나타나면 혁신에 대한 동기 부여도 손쉽고 다음 혁신으로 이어지기도 쉽다.

혁신은 조직의 기초 체력을 강화하는 역할을 하며 결정적인 승패를 좌우하기도 한다. 환경 변화가 극심해지면서 핵심 경쟁력을 확보하는 것도 중요하지만 혁신하지 않은 기업은 고객이나 투자자들에게 점차 잊힌다는 것이 더 큰 문제이다. 조직원에게도 왠지 뒤처진다는 느낌을 줄 수 있으므로 지속적으로 혁신을 추진해야 한다. 지속적인 고민 속에서 남들과 비슷한 위치를 유지하거나 혹 색다른 서비스를 할 수 있는 것이 혁신이다. 혁신적 역량을 제공할 기반이 갖추어지지 못하면 새로운 고객 서비스를 제공할 수 없게 되고, 기존 위치도 유지할 수 없게 된다.

아무리 좋은 전략도 사내 역량이 갖추어지지 않으면 효과를 거두지 못하므로 전략에 맞추어 실행 역량을 갖추도록 준비해야 한다. 이때 구축해야 할 핵심 역량은 기존과 비교해 조금 나아지는 정도가 아니라 경쟁에서 확실한 우위를 점할 정도가 되어야 한다.

고객이 저렴한 상품과 서비스를 원한다면 실속 있는 제품에 대한 원가 경쟁력을 획기적으로 높일 수 있어야 확실한 경쟁 우위가 될 수 있다. 환경 변화가 극심하다면 사내 정보 유통의 속도를 높이고, 대기 시간이나 준비 시간을 줄여 최대한 빨리 반응하는 것이 경쟁에서 이기는 길이다. 알고 있어도 행동하지 못하고 판단하지 못해 주저한다면 경쟁 기업에 비해 기회는 상실되고 수익은 줄어들 수밖에 없다.

불이 났을 때 건물에서 뛰어내려야 하는 생각은 들지만 막상 뛰어내리지 못해 큰 피해를 보는 경우가 있다. 평소 소방 훈련을 통해 뛰어내리는 연습을 하듯이 평소에 핵심 역량을 키워 놓아 적기에 적절하게 판단하고 행동하여 피해를 최소화해야 한다. 연습은 행동의 기민함을 만들어 내고 기회를 효과적으로 활용할 수 있도록 만든다. 생각과 전략만으로는 부족하다. 조직을 움직이게 해야 한다. 그렇게 민첩해진 조직이라야 전략이든 전술이든 시장 변화에 민첩히 대응하여 고성과를 얻을 수 있는 것이다.

변화와 대응을 빨리하려는 것은 누구나 아는 일이다. 늦어지는 이유는 미리 연습해 보지 않아서이고, 또 정보가 부족하여 판단을 못하기 때문이다. 주저하는 사이 좋은 기회는 사라지고, 이미 행동할

즈음에는 차별화된 별다른 수익이 없을 수 있다. 또 행동력이 크지 않아 차별화 요소가 없다면 기회는 나만의 기회가 아닌 다른 경쟁자와 공유하는 기회가 되어 우위에 서지 못할 수 있다.

상황을 판단하는 능력은 조직의 상부에 있는 경영진일수록 더 많이 요구된다. 조직을 미리 움직이게 하여 민첩하도록 연습시켜야 하며, 기회가 왔을 때 효과를 발휘하도록 미리 준비해야 한다. 리더는 멀리 보고 올바른 판단을 하여 사전에 조직을 움직이게 만들어야 시장의 변화에서 성과를 얻게 되고, 임직원은 올바른 판단을 한 경영진을 신뢰하여 좀 더 빨리 변화에 대처할 수 있게 된다. 방향을 정했으면 커뮤니케이션해야 하고, 커뮤니케이션했으면 반드시 움직여야 하며, 움직였다면 민첩히 움직이고 그리고 반드시 성과를 만들어 내야 한다. 그리고 그 성과의 정도에 따라 다음번 조직의 민첩성이 영향을 받게 된다. 리더십은 성과에 대한 신뢰이다.

혁신 리더의 조건　　　　　　　　　　　　　INNOVATION TIP!!

1. 전략이 실행되도록 실행 역량 중심의 관리가 필요하다.
2. 실천 역량을 강화하기 위한 별도의 변화 프로그램이 필요할 수 있다.
3. 조직이 얼마나 민첩히 반응할 수 있는가를 측정 관리하여 위기 관리 지표로 활용한다.

04 이순신 장군의 수군 연습

앞에서도 잠깐 언급한 적 있는 드라마 〈불멸의 이순신〉은 2004년부터 2005년까지 근 1년에 걸쳐 화제를 불러일으키며 방영된 역사극이었다. 필자도 회마다 꼭 챙겨 보는 애청자였는데 그중 가장 인상 깊게 본 내용은 이순신 장군이 수군을 훈련시키는 장면이었다. 이순신 장군은 수군임에도 바다에 전혀 익숙지 않은 수군들을 모아 바다 훈련을 시켰다. 이는 수군에겐 매우 필수적인 훈련 코스였으나 이순신 장군을 뺀 장졸들은 전부 훈련을 싫어할 뿐 아니라 바다 훈련 자체에 반대했다.

일반 장졸들뿐 아니라 휘하 리더들도 마찬가지였다. 어떤 이는 대놓고 반대하기까지 했다. 이순신 장군의 고뇌가 많은 곳에서 배어 나왔다.

그러나 이 장군은 소신을 버리지 않았다. 아마 그들에게는 그것이

고집으로 보였을 것이다. 이순신 장군도 역시 원래 수군이 아니었기에 스스로도 훈련 과정이 매우 힘들었을 것이다. 그러나 자기 자신을 이겨 내면서 남들도 따르도록 하였다. 그리고 성과를 보여 주었다. 승전이라는 성과가 없었다면 이순신 장군의 부하들은 대장을 신뢰하지 않았을 것이다.

성과를 통해 믿음을 얻고 전략에 신뢰를 보냈기 때문에 좀 더 빨리 그리고 더 큰 성과를 거두었다. 역량을 갖춘 수군을 미리 양성하고 훈련시켰기에 왜선보다 유리한 전투가 가능했고, 핵심 역량에 집중하였기에 수전에 능한 왜구를 무찌를 수 있었을 것이다. 전략이 아무리 우수하다 하더라도 그 전략을 실행해 낼 역량이 없으면 대규모 성과를 거둘 수 없다. 핵심 역량을 얻기 위해 부족한 여건에서 집중적으로 핵심 역량 습득을 위해 노력해야 하는 것이다. 전략에 근거하여 핵심적 역량을 습득하고 치밀한 연습을 통해 성과를 거두게 되는 것이다.

이처럼 성과를 얻기 위해서는 전략적 핵심 역량에 집중하여 훈련하고 반복하여 경쟁력을 확보해야 한다. 그것이 전쟁에서는 승리와 생명을 얻게 하는 지름길이고 기업 경쟁에서는 성과와 수익으로 나타나는 것이다. 전쟁에서의 경쟁력은 어느 정도 잘하는 것이 되어서는 안 된다. 경쟁 상대보다 우월하고 이길 수 있는 것이어야 한다.

기업의 혁신 과정에서도 마찬가지이다. 중요한 것은 실천할 수 있는 역량이고 성과를 얻는 역량이다. 새로운 인사 제도를 설계했고 선진 기업의 우수한 제도를 벤치마킹했다 하더라도 사내에 적절히 홍보되지 않고 그 취지나 내용이 알려져 공감대가 형성되지 않으면 원래 의도와 달리 해석되어 원하는 결과를 거두지 못할 수 있다. 새로운 업무 제도 역시 마찬가지이다. 선진 프로세스를 도입했다고 해서 다 성공하는 것은 아니다. 그 제도를 수행할 임직원이 왜 그러한 제도나 업무 절차가 필요한지 공감대를 가지고 서로 조율해 나가야 한다. 그래야 올바로 정착되고 또 원하는 성과를 거둘 수 있게 된다. 그러기 위해 커뮤니케이션과 논의·조율하는 시간이 필요한 것이다. 이는 불필요한 것이 아닌 정착을 위한 과정이고 역량 습득을 위한 과정이라 할 수 있다.

새로운 프로세스에 맞게 새 시스템을 구성했을 경우에는 교육 훈련이 무엇보다 중요하다. 문제점을 공유해야 하고, 왜 시스템을 바꾸어야 하는지, 바꾼 시스템은 어떻게 작동하는지를 충분히 인지할 뿐 아니라 새로운 제도와 시스템에 기능적으로 능숙해져야 한다. 능숙하지 않은 상태에서 시스템이 오픈되면 매우 큰 혼란을 겪을 수밖에 없으며, 경우에 따라서는 매우 큰 문제점이 야기될 수 있다. 즉 올바른 전략과 계획이 수립되고 세부적인 절차까지도 인지했다 하더라도 이러한 것을 실천할 역량이 충분히 습득되지 않으면 안 된다는 것이다. 아는 것만으로는 능숙히 움직일 수 없다.

그리고 경영에서 발휘되는 실천 역량이야말로 진정한 성과를 거둘 수 있는 핵심이 된다. 현장 중시를 강조하는 것 역시 같은 맥락이라 할 수 있다. 얼마 전 최고 경영자가 직접 고객의 응대를 받고 담당자에게 조치를 취하도록 한 사례가 기사화된 적이 있다. 아무리 고객 만족을 강조해도 실천이 부족하자 최고 경영자가 직접 나섰던 것이다. 용기 있는 결단이라 생각한다.

실천력은 매우 중요한 핵심 역량이다. 혁신의 성공 역시 이러한 핵심 역량을 확보해야만 성공할 수 있다. 프로젝트를 하다 보면 이러한 핵심 역량에 둔감한 경우를 간혹 볼 수 있다. 새로운 전략이나 제도 절차 등의 설계 작업에는 힘을 기울이면서 정작 실천 전략인 교육 훈련 등은 등한히 하는 경우이다. 그리고 실행에 문제가 발생하면 실천을 강화하는 것이 아닌 제도나 절차 전략을 다시 점검하는 우를 범하기도 한다.

어찌 보면 이순신 장군의 학익진이나 거북선 등이 중요한 전략적 도구임에는 틀림이 없으나 그 안에 숨겨진 수군들의 연습이 없었다면 전략을 올바로 수행해 내지 못했을 것이다. 우리는 이제 그 안에 숨겨진 연습들과 실천 역량에 집중해 가시적 성과를 얻는 노력에 집중할 필요가 있다.

혁신 리더의 조건   INNOVATION TIP!!

1. 전략적 우월성을 바탕으로 실천 역량을 강화하여 경쟁에서 승리해야 한다.
2. 승리의 경험은 또 다른 승리를 위한 신뢰의 바탕이 된다.
3. 혁신의 성공 체험은 혁신 성과의 많고 적음보다 더 중요하다.
4. 실천 역량이 확보되지 않은 전략은 수행이 연기될 수 있으며 현실적인 면에서 실천 역량의 확보가 전략보다 더 중요한 경우도 많다.

05 현황 문제점 공감의 중요성

필자가 한 대기업에 있을 때 처음으로 가장 충격을 받았던 사건은, 회사가 전사적 이슈에 봉착했을 때 최고 경영자가 전사적 문제점 공유를 위해 혁신 프로그램을 수개월 동안 진행하는 것을 경험한 것이었다. 최고 경영자는 매주 혁신 프로그램에 직접 참여하여 회사의 문제점을 이야기했고 직원들로부터 아이디어를 들었다. 또한 7,000명이 넘는 전 직원을 상대로 전사가 처한 문제점 공유를 위한 워크숍을 실시했다. 실로 엄청난 에너지를 회사의 문제점 공유에 쏟아부은 셈이었다.

또 다른 혁신 프로젝트에서는 회사의 문제점을 파헤치고 이를 통해 미래 모델을 설계하려 했을 때 최고 경영자가 프로젝트 일정에도 없는 현황 분석 공유 교육을 직접 지시했던 적도 있다. 일주일 이상 걸린 이러한 문제점 공유의 장은 임직원 모두가 회사의 문제를 자신의 문제로 인식하고 서로 아이디어를 공유하며 개선의 노력을 기울이는 기회를 제공했다. 그 결과 위기감 공유의 효과를 가져왔고, 보다 적극적인 혁신 모델을 설계할 수 있었다.

또 다른 프로젝트에서는 2주 동안 조사된 결과를 최고 경영자에게 보고했다가 현황 분석이 전사로 확산되어 한 달이 넘게 인터뷰만 하며 보낸 경우도 있었다.

현황 분석은 보통 수개월 동안 진행되기도 하지만 규모가 작은 프로젝트의 경우에는 수주 또는 한 달 정도가 걸린다. 직원들은 공유하고 있는 문제를 리더들이 인식하지 못하는 경우는 의외로 많다. 혁신을 아래로부터의 개혁이라 생각할 수 있지만, 초기 미래 모델 수립까지는 위에서부터의 개혁이 핵심이 된다.

이렇듯 현황 분석 내용은 회사 분위기에 따라 임원들부터 쉬쉬하는 양태부터 최고 경영자가 나서서 회사의 문제를 전사로 확산하고 공감대를 넓히려는 양상까지 다양하다. 회사의 어려움을 서로 공감하면서 회사 현황을 바라보는 태도가 더 진지해지고 서로의 기득권의 장벽을 허무는 계기를 만들어 내기도 한다. 때에 따라서는 자극적인 수치가 동원되고 임직원이 모두 자신의 문제로 인식하게 됨에 따라 조직이 혁신을 진정으로 받아들일 변화의 준비를 하게 되는 것이다.

비록 자신의 문제가 아니라 하더라도 조직의 리더들은 회사 문제를 자기 문제로 인식하고, 조직 전체가 헤쳐 가야 할 문제로 정의하여, 조직원 모두가 합심하여 문제를 해결하도록 유도해야 한다. 전사에 퍼진 이러한 혁신 분위기는 과거의 관습을 이기는 힘이 된다.

현황 문제점을 공유하는 과정은 자칫 소홀히 넘어갈 수 있는 과정이기도 하다. 그러나 문제점을 정확히 인식하는 것이 곧 변화의 시작이다. 그것도 리더들이 아주 심각하게 인식하느냐 여부에 따라 조직원의 변화 결과도 다르게 나온다. 임직원은 상부의 변화를 기대한다. 그러나 그 결과가 반대로 나타났을 경우 혁신을 통한 기대감을 저버리는 경우가 많다.

혁신 리더의 조건　　　　　　　　　　　INNOVATION TIP!!

1. 회사의 전사적 문제점은 조직이 모두 공유하고 있을 때 문제점 해결에 효과적인 성과를 가져올 수 있다. 조직은 유기적이어서 하나의 문제는 다른 한쪽의 문제를 안고 있는 경우가 많다.
2. 조직원은 최고 경영자가 심각하게 생각하는 문제는 스스로 자신의 문제로 인식하는 성향을 가진다. 따라서 리더들로부터 가지게 된 전사 위기의식은 중요한 변화의 동인이 된다.
3. 위기감은 혁신에 대한 조직적 자세를 확립시킨다. 조직적 자세가 올바르지 않으면 혁신 성과 역시 반감된다.

06 미래 설계 공유 및 의사 결정 참여

미래 모델 설계는 무척이나 기분 좋은 과정이다. 단 조건이 있다. 누군가 대신 처리해 주고 책임져 준다는 조건이 붙어야 한다. 미래 모델을 설계하려면 현황 분석을 마치고 미래 변화 방향에 대한 설계를 해야 한다. 이때 주먹구구식으로 설계한다면 현황 문제를 단순히 반대로 표현하는 정도로 그치겠지만 정답은 그렇게 간단하지 않다. 현황 문제는 나름대로 제각각 이유를 갖고 있다. 구조적인 문제 그리고 어쩔 수 없이 그렇게 될 수밖에 없는 한계를 자체적으로 가지고 있고 그것이 현재 최적으로 유지되고 있는 것이다.

현업에서 인터뷰를 하다 보면 문제점을 몰라서가 아니라 자기 힘으로 어떻게 할 수 없기에 그리고 시도해 보았지만 고쳐지지 않아서 어쩔 수 없다는 이야기를 많이 듣는다. 문제는 원인을 모르는 것도 있지만 핵심 문제 즉 실타래를 풀 수 있는 모멘텀이나 구조적 문제를 해결할 실마리를 찾지 못한 경우가 많다. 또는 실행에 옮기지 못하는 현실적 문제들도 다수 포함되어 있다.

문제를 해결하기 위해서는 조직 구조적인 변화를 시도할 수도 있고, 선택의 문제 즉 관리의 초점을 바꾸는 방법 혹은 업무 절차와 정보 시스템을 바꾸거나 조직의 분위기나 성과 관리 체계를 바꾸는 등으로 변화를 모색할 수도 있다. 이러한 관리 행위의 변화는 막힌 흐름을 원활히 하거나 구조적 문제를 해결하는 수단이 된다.

전략적 방법이 결정되고 나면 중요한 작업이 남는다. 즉 그 전략을 수행할 책임자 혹은 스폰서를 찾아야 하고 이를 책임 있게 관리할 관리 주체를 찾는 일이다. 기존의 방식이 문제가 많았고 새로운 방식으로 변화를 시도하려면 많은 노력이 필요하다. 기존의 방식보다 더 큰 노력으로 변화를 시도해 보고 또 노력해 보아야 한다. 어쩌면 한두 번의 시도로 변화의 성과가 느껴지지 않을 수도 있다. 전략적 점검을 통해 신념과 확신을 가지고 누군가는 밀어 주어야 하고 또 당겨 주어야 한다. 그리고 그러한 힘이 이제 어느 정도 안정된 힘을 갖추고 새로운 시스템으로 조직에 체화되어 갈 때 전략적 선택에 대한 결과 즉 성과라는 결과물을 볼 수 있게 된다.

이러한 전략적 선택의 과정에서 매우 중요한 역할을 하는 것이 바로 리더십이고, 그 다음이 리더십을 지원받은 실무 책임자와 관리자의 결단이다. 이때 책임은 리더의 몫이 되어야 한다. 그래야 실무자들이 움직일 수 있다. 그들은 새로운 변화를 시도할 마음이 없었을지도 모른다. 왜냐하면 지금까지 그렇게 해 왔기 때문에 그리고 나름 노력의 산물이기 때문에 새로운 시도의 성공을 속 깊은 마음으로 달가워하지 않을 수도 있다.

스스로도 많이 시도해 보았지만 과연 이것이 성공할 수 있을까 하는 마음도 있고 성공하지 않았으면 하는 마음도 있을 수 있다. 이제 성과에 대해 서로 공동의 책임을 지고 보다 신중하고, 그러나 변화에 대한 필요성을 직면하면서 구조적인 변화를 위해 모두가 노력해야 한다.

어떤 경우는 임원이 책임을 지고 새로운 변화를 주도하고 점검하고 관리하여 성과를 얻기까지 조직을 채찍질해야 할지도 모른다. 그러한 과정이 없다면 구조적 변화는 일어나지 않을 수 있다. 오히려 변화는 거부되고 기존의 방식이 더더욱 공고히 될 수도 있다.

때로는 정보 시스템 변화가 보다 확실한 방법이 될 수도 있다. 이젠 달라진 프로세스로 업무를 처리하지 않으면 수작업으로 처리해야 하기 때문에 새로운 프로세스에 적응하려 애쓰게 된다. 구조적 변화의 강점이라 할 수 있다. 그러나 이 모든 새로운 변화를 수용하는 대상자는 조직원이다. 조직은 리더에 의해 움직이므로 책임 급 리더가 새로운 변화를 받아들이고 이를 조직이 수행하도록 독려해야 한다. 그리고 그 독려를 가능케 하는 조직적 혜택 즉 인센티브나 성과 관리 체계의 변화 혹은 최고 경영자의 리더십 등이 필요하다. 그리고 인내의 결과 전략적 타당성이 성과로 입증되면 변화는 강화되고 확고해진다.

혁신 리더의 조건   INNOVATION TIP!!

1. 변화를 추구하는 데에는 기존 방식을 유지하는 데 비해 갑절 이상의 어려움이 따른다. 새로운 방식을 배우는 것과 실행하는 것 그리고 성과를 내야 하는 어려움이 뒤따른다. 또 많은 경우 기존 방식과 새로운 방식을 병행하면서 새로운 방식의 성과를 내야 할 때도 있다.
2. 새로운 변화에 대한 거부는 기존 조직원으로 하여금 기존 방식에 대한 타당성을 부여하는 또 다른 심리적 저항이다.
3. 새로운 변화를 올바로 시행하기 위해서는 책임자의 헌신이 필요하다. 조직적 변화를 리드하지 않으면 구체적인 변화는 자연스럽게 나타나지 않는다.
4. 구조적인 변화를 위해 정보 시스템이나 조직 구조, 성과 평가 방식, 관리 체계, 업무 프로세스, 인센티브 등이 변화를 촉진하는 촉매제가 될 수 있다.

07
혁신 실행 조직의
구축과 역량 전수

새로운 변화를 조직 전반에 걸쳐 시행하기 위해서는 우선 핵심 요원을 선발하고 역량을 전수하는 과정을 거칠 필요가 있다. 이들은 전체 변화의 리더들이고 문제가 생겼을 때 현장에서 문제를 해결해 줄 핵심 요원들이다. 우군을 확보하지 않으면 전체를 세부적으로 통솔할 수 없게 된다.

프로젝트 팀은 혁신 주제만을 가지고 수개월 이상을 고민하고 의사 결정자를 통해 지원을 받을 수 있다. 그러나 정작 중요한 것은 현업의 업무를 맡은 사람들이 진정으로 움직여 주느냐이다. 움직임의 정도에 따라 변화는 보다 빨리 구체적인 성과를 낼 수도 있고, 아니면 더디게 조직에 적응되거나 아니면 사라질 수도 있다. 이러한 촉진제 역할을 담당할 우군을 현업에서 차출하여 양성시켜야 한다.

흔히 변화 담당자로 책임을 맡은 사람들은 소식을 전하는 정도의 역할로 부수직을 맡기는 경우가 많은데, 이 방법이 대부분 실패하는 이유는 공식화되지 않고 시간과 자원을 할당받지 않는 부수직으로 책임을 주기 때문이다.

보다 구체적인 업무를 할 시간을 부여해야 하고 독자적인 업무 수행을 공식화해야 실질적인 활동을 할 수 있다. 물론 기존 여러 업무 부담도 많을 것이다. 그러나 전략을 수행하려면 어차피 우선순위를 선택할 수밖에 없다. 기존 업무에 변화 담당 역할을 부수직으로 맡길 것인가 아니면 변화 담당에 대한 업무를 보다 공식화하고 정해진 역할에 시간과 자원을 할당해 줄 것인가를 결정해야 한다. 공식화되지 않은 부수직은 그저 액세서리에 불과하다. 액세서리 정도로 조직의 변화를 이끄는 것은 쉽지 않은 일이다.

또한 실행을 위한 역량도 전수되어야 한다. 이해의 정도, 지식의 정도를 높이는 것뿐 아니라 실행의 능력을 높이는 것도 또한 중요하다. 변화된 업무 형태로 능수능란하게 일할 수 있어야 하고 가르칠 수 있어야 한다. 그래야 현업 변화의 리더가 될 수 있다.

업무 프로세스가 변화되었다면 변화의 의미를 설명하고 납득시킬 수 있어야 하고, 정보 시스템이 바뀌었다면 파워 유저로 양성받고 현업을 가르치고 문제를 해결해 줄 능력을 갖추어야 한다. 그럴 경우 현업은 이들의 버팀목 역할을 믿고 안심하고 변화를 시도할 수 있게 된다.

현장 변화의 리더들은 그러기에 변화 실행의 핵심 성공 요소로 꼽힌다. 그러나 많은 프로젝트의 경우 그 중요성은 인식하면서도 정작 지원이나 관리를 소홀히 하는 경우가 많다. 중요성만 강조하고 자원을 우선순위에 맞게 할당하지 않는 것이다. 변화의 리더들을 양성하는 것은 실질적인 변화를 일으키는 데 가장 중요한 전략적 목표가 되어야 한다.

> **혁신 리더의 조건** INNOVATION TIP!!
>
> 1. 현장의 실행을 책임질 역량은 프로젝트 팀에서 갖추는 것이 아니라 현업으로 전달될 때 가능해진다.
> 2. 모두가 역량을 갖게 만들 수 없다면 핵심을 뽑아 양성해야 한다. 그들이 현장 변화의 핵심이 된다.
> 3. 핵심 변화의 리더들을 양성하기 위해서는 부수직만이 아닌 실질적 자원과 역할을 부여해야 하며 여기에 실행 전략적 초점이 맞추어져야 한다.
> 4. 많은 경우 전략적 방향이나 실행 방법이 틀린 것이 아니라 실행 역량을 갖추는 일에 소홀했기 때문에 보다 빠른 성과를 얻지 못하는 것이다.
> 5. 현업의 업무 우선순위가 혁신에 맞추어져 있지 않다면 혁신을 준비하는 많은 노력이 수포로 돌아갈 수 있다. 마지막 실행에는 '뜸 들이는 시간만큼의 인내'라는 가장 중요한 어려움이 숨어 있음을 알아야 한다.

08 실행을 위한 역량 개발

이제 전략적 방향도 이를 위한 방법도 만들어지고 핵심 요원도 차출되어 역량 전수가 이루어졌다면, 조직원 전체를 위한 거대한 변화를 시작해야 한다. 다양한 인력들의 의견이 존재할 것이나 이미 전략도 도구도 핵심 조직도 구축되었기 때문에 몰아붙이는 일만이 남아 있다. 단 서서히 움직여야 한다. 그리고 그 움직임이 초기에 반발을 사지 않도록 조심스럽게 조직 전체를 움직여 나가야 한다.

조직은 한번 움직이기 시작하면, 속도는 느리지만 관성의 힘으로 변화를 거대하게 이룰 수 있다. 이제 조직원 개개인은 변화의 흐름을 거스를 수 없다는 것을 이해하고 적응하려 노력할 것이다. 비록 초반에 어려움이 있겠지만 변화의 리더들이 역할을 충분히 감당해 준다면 느린 걸음이 빠른 움직임이 될 것이고 거스를 수 없는 전체의 변화가 될 것이다.

이때 중요한 것은 그들의 움직임이 더디다고 변화의 걸음을 멈추어서는 안 된다는 것이다. 습득이 느리다고 포기해서는 안 된다. 원칙을 가지고 지구력을 가져야 하고, 자발적으로 움직이도록 도와주어야 한다. 때론 억지로 이끌고, 때론 자발적 움직임을 격려해야 한다. 그들은 이제 처음 변화를 담당하게 되었고 오래 고민하지 않았다. 다만 리더들을 신뢰하고 스스로 어려움을 감내하고 있을 뿐이다.

현업 입장의 교육이 강조되어야 하는 이유는 이 때문이다. 그들은 내용을 잘 이해하고 결단하기보다는 조직적 분위기에 휩쓸리고 리더들을 신뢰하여 변화를 수용하는 경우가 많다. 다 이해되지 않아도 부분적 이해를 토대로 그리고 리더들을 믿고 변화를 감내하는 것이다. 때론 두려울 수도 있고 때론 손해를 볼 수도 있다. 그러나 조직 전체의 성과를 위하여 부분적 어려움도 감내해야 하기에 그들을 보다 세밀히 지원하고 보살펴야 한다.

거북선을 탄 수군은 바깥이 보이지 않는 어두운 상황에서 상관의 명령에 따라 움직여야 했고 적선과 부딪쳐 배가 쪼개지는 소리를 들으면서도 신뢰를 바탕으로 역할을 충실히 수행해야 했을 것이다. 격렬하고도 숨 막히는 순간에 충심으로 순종하고 열심히 행동하여 거북선의 중요한 전략적 역할을 수행했을 것이다.

새로운 변화는 이렇듯 실행 조직의 신뢰성 있는 행동으로 시작된다. 그리고 한번 움직여 성과를 거둔다면 이제 모두를 신뢰하고 큰 움직임을 만들어 갈 수 있다. 그리고 그 움직임의 끝은 성과이다. 전략이 맞았다고 한다면 반드시 큰 성과가 있을 것이다. 그리고 대부분의 문제는 전략적 방향성보다 이 실행 역량에 의해 성과가 좌우된다.

혁신 리더의 조건   INNOVATION TIP!!

1. 혁신에서 마지막으로 가장 중요한 일은 조직 전체의 실행 역량을 갖추기 위한 노력이다.
2. 신뢰를 바탕으로 변화를 시도해야 한다.
3. 현업의 입장을 보다 중시해야 초기 실행 역량을 높이고 변화의 거부감을 줄일 수 있다.

09
변화를 위한 호손 효과

조직에서 사람을 변화시키는 요인은 무엇일까? 여기 참조할 만한 사례가 있다. 바로 인사 관리를 탄생시킨 호손 실험이라는 것이다.

하버드 대학교의 엘튼 메이요(Elton Mayo) 교수는 1924~32년에 GE 계열의 전기 회사인 호손 웍스라는 공장을 대상으로 실험을 하게 되었다. 실험 내용은 작업 환경 개선에 따른 작업 능률 향상에 대한 것이었다. 당시에 GE 사는 전구의 생산량을 늘리기 위해 여러 가지 시도를 하던 중 연구를 외부에 의뢰했던 것이다.

연구진은 먼저 조명 상태, 소음, 습도 등의 작업장 환경이 근로자들의 생산성에 미치는 영향을 알아보기로 했다. 그래서 조명의 밝기를 몇 단계로 나눈 다음 한 단계씩 차례로 밝게 만들었다. 그리고 계속 연구진과 회사 관계자들이 그 차이점을 조사하면서 근로자들에게 물어보며 관심을 쏟았다. 작업장의 밝기를 높일수록 당초 예상대로 생산량이 증가했다.

 몇 단계를 거치면서 공장 안이 대낮처럼 밝아지자 처음과는 비교가 안 될 정도로 생산량은 높아지고 불량률은 낮아졌다. 그래서 연구진과 회사 관계자들은 작업 환경이 작업 능률에 미치는 영향이 지대함을 확인했으며 연구가 성공하는 듯했다.

 그래서 조명 상태를 다시 원 위치로 되돌려 보기로 했다. 그런데 당초에 상상하지 못한 일이 벌어졌다. 조명을 낮추었는데도 생산량은 약간 증대된 것이다. 조명을 계속 낮춰서 실험을 시작 단계의 상태로까지 어둡게 해서야 비로소 생산량이 조금 떨어졌다.

 하지만 그 생산량도 실험을 처음 시작할 때의 양과는 비교할 수 없이 높았다. 이는 연구진이 당초에 예상하지 못했던 엉뚱한 결과여서 당황할 수밖에 없었다.

 그래서 다시 연구가 진행되었으며 이유가 밝혀졌다. 생산량이 증가한 원인은 연구진과 회사 관계자들이 연구를 위해 근로자들에게 많은 관심을 쏟은 데 있었다. 불편함과 불편 사항을 물어보고 집중적으로 관심을 보여 주면서 근로자들의 사기가 급격히 높아진 것이다.

 메이요 교수는 근로자들은 작업 환경이나 금전(보수)적 요인보다는 심리적인 요인들(긍지, 동료애, 관심, 기대감, 칭찬, 의견 존중을 통한 불만 해소 등)에 의해 크게 좌우된다는 것을 알았다. 이것이 인사 관리(인간 관계론)의 시초가 되었으며 인사 관리의 개념 "근무자가 일을 통해 생계 보장은 물론 삶의 보람과 행복과 인생의 보람까지 느끼도록 여건을 조성해 주고 이를 지속적으로 지원·관리하는 것"이 설정되었다.

호손 실험을 토대로 경영 혁신의 과정에서 참고해야 할 것은 무엇일까? 그것은 바로 전사적 관심의 집중이 가장 큰 성공 요인이라는 것이다. 전사적 운명을 바꿀 혁신이라 하면서도 최고 경영자가 참석하지 않는다면 문제는 심각하다. 회사를 혁신시킬 업무에 임원이 참여하지 않는 것 역시 문제가 된다. 프로세스를 바꾸면서 임원의 책임 의식이 없다면 역시 실천에 어려움을 겪을 것이다. 서로서로 호손 효과를 거두기 위해 상호 자극을 만들고 격려를 해야 한다.

특히 프로젝트 팀은 이러한 호손 효과에 특별한 자극을 받는 대상이라 할 수 있다. 혁신의 여러 난관을 이겨 내야 하기 때문에 최고 경영자의 실질적 관심과 임원들의 배려를 토대로 혁신안을 만들고, 조직을 바꾸고, 업무 절차를 선진화하는 일에 자부심과 사명감을 가져야 하는 것이다.

혁신 리더의 조건　　　　　　　　　　　　　INNOVATION TIP!!

1. 경영 혁신의 호손 효과를 인정하고 조직 전체의 참여를 증진시켜야 한다.
2. 혁신의 주도적 조직인 혁신 팀에 대한 지속적인 관심과 지원이 혁신 팀을 혁신의 선봉자로 만들 수 있다.
3. 모든 조직의 리더들이 혁신에 관심을 가지고 모든 관점을 혁신 위주로 생각하도록 독려할 필요가 있다.
4. 혁신의 시작도 사람에 의한 것이고, 결과도 사람에 의한 것임을 잊어서는 안 된다.
5. 혁신의 가장 큰 성과 역시 이러한 혁신 과정을 학습한 조직원이다.

10 미래를 위한 기획

혁신 업무가

종반으로 치닫는 경우 우려하는 일들이 있다. 바로 혁신을 지속하는 일이다. 이 일이 끝나면 다들 현업으로 되돌아가고 과거처럼 일하면 되는 것인가? 또 하나의 유행처럼 한 번 혁신 운동을 하고 마는 것인가?

물론 집중적으로 혁신 업무를 추진하고 나서는 기존 멤버들이 현업에 돌아가서 혁신의 사상을 현업에 뿌리내리게 해야 한다. 또 그간의 수고를 위로받고 또 고생을 보상받기도 해야 한다.

그러나 한편 더 고민해야 할 것은 조직의 지속적 성장과 발전을 위한 마스터플랜이다. 혁신을 성공시킨 후 어떤 또 다른 목표를 가질 것인가? 혁신을 통해 조직이 학습한 것은 무엇인가? 어떤 혁신 테마가 조직에 가장 적합한 것인가를 살펴야 한다.

무조건적인 혁신 지상주의가 아니라 정규적인 훈련이 조직에게는 필요한 것이다. 성공적 훈련을 위한 계획을 장기적으로 갖출 필요가 있다. 이번 혁신을 통해 우선순위에서 조정된 것이나 또 시급히 추진해야 할 과제 등을 추가로 점검해야 한다. 그것이 혁신과 변화의 장기적 마스터플랜으로 구축되고 추진되어야 한다.

이러한 일들을 추진하기 위해서는 혁신 전략 기획의 기능을 가진 조직이 필요하다. 전사적 혁신에 대한 마스터플랜을 수립하여 사내의 여러 혁신 기능을 기획하고 자원을 관리해야 하는 것이다. 보통 프로그램 매니지먼트라는 개념으로 여러 프로젝트를 총괄 관리하게 되며 사내 자원을 효율적으로 여러 프로젝트에 배치하고 우선순위를 조정하게 된다.

우리나라가 과거에 했던 경제 개발 5개년 계획과 같이 회사의 혁신을 통한 성장 계획을 수립하여 단계적으로 진행해 나가는 것이 필요하다. 이를 위한 사내 혁신 기획을 감당할 자원은 혁신을 추진해 본 경험 있는 인력으로 구성하는 것이 효율적이다. 현실적 문제점이나 핵심 성공 요인들을 잘 알고 있기 때문이다. 아울러 혁신의 걸림돌이나 진행의 노하우 등을 다음번 프로젝트에 접목하여 효율성을 높일 수도 있다.

혁신의 과정은 조직적 학습의 과정이다. 혁신을 통해 조직은 새로운 리더십을 정립하고 프로젝트 팀원을 양성하고 전사적 핵심 역량을 배가시키는 효과를 거둘 수 있다. 아울러 혁신의 성공 체험을 통해 또 다른 목표에 도전할 수 있는 힘을 얻게 할 수 있다. 프로젝트의 귀중한 경험을 토대로 지속적인 발전을 기획할 조직을 구성하는 것은 값비싼 경험들을 한 번의 기회로 소진하지 않고 꾸준히 발전하게 하는 기반이 된다.

혁신 리더의 조건　　　　　　　　　　INNOVATION TIP!!

1. 혁신은 조직적 학습 과정이다.
2. 혁신을 경험한 기획 인력을 토대로 지속적 발전을 위한 마스터플랜을 기획하고 발전시킨다.
3. 전사 혁신 마스터플랜이 조직의 역량을 배가시키는 조직 학습 일정표가 된다.
4. 기업은 혁신을 통해 성장한다.

11
체인지 인프라

파도타기를 하는 사람들을 보면 매우 인상적이다. 위험을 오히려 역이용하고 이를 활용하여 즐거움을 느끼는 그들이 멋있고 부럽기까지 하다. 여기서 중요한 것은 도구를 잘 활용하는 것이다. 도구가 없으면 절대 파도타기를 할 수 없다. 그러나 도구가 있다고 다 파도타기를 할 수 있는 것은 아니다. 도구가 있고 그 도구에 익숙해야만 파도타기를 즐길 수 있는 것이다.

혁신에서도 이러한 도구가 필요하다. 커뮤니케이션도 도구이고 성과 관리 지표 역시 도구라 할 수 있다. 여기서 중요한 것은 도구가 무엇을 해 주는 것이 아니라 도구를 잘 활용해서 효과를 내야 한다는 것이다. 활용할 줄 모르는 사람에게 도구는 오히려 거추장스럽고 불편한 물건에 불과하다. 효과를 거두기 위해 활용하는 연습을 해야 하고 잘 활용하여 성과를 내야 한다.

성과를 내기 시작하면 도구는 이제 없어서는 안 될 중요한 요소가 된다. 전략적이고 핵심적인 요소로 바뀌고 좀 더 정교한 도구로 개량되어야 한다. 초보자에게는 고급스런 도구가 별 쓸모가 없지만 훌륭한 선수들에게는 매우 정교한 도구가 성과를 극대화시킨다.

혁신 활동 중에 필요한 도구는 주로 커뮤니케이션 도구이다. 설득과 참여를 위한 도구이고 홍보를 위한 도구이다. 이를 통해 사람들은 조금씩 변화하게 되며 강력한 이미지는 거부할 수 없는 인상을 만들게 한다.

특히 일관성 있는 메시지 전달은 사람들로 하여금 무의식중에 행동을 유도하게 하며, 모든 사람들이 메시지의 내용을 인식하고 이에 동감하고 있다는 착각을 느끼게 할 수 있다.

회사에 따라 이러한 사내 커뮤니케이션 인프라가 잘 갖추어진 경우도 있지만, 그렇지 않을 경우 별도의 인프라를 구축하는 경우도 있다. 상징물을 만들기도 하고 홈페이지와 같은 새로운 채널을 만들기도 한다. 또 프로젝트 중간 중간 임원의 의사 결정 회의체를 만들어 토론하고 의사 결정하도록 만들기도 한다.

변화와 혁신을 위한 체인지 인프라는 혁신 성공의 중요한 기반이다. 또 체인지 에인전트라고 하는 조직체의 변화 담당자를 지정하는 것 역시 새로운 체인지 인프라라고 할 수 있다. 보고 체계를 만들어 이슈를 해결하는 채널 역시 혁신의 신속성을 위해 구축해야 할 새로운 변화 인프라이다.

경우에 따라서는 변화의 정도를 모니터링하고 주기적으로 평가하는 인프라를 구축할 수도 있다. 변화 진척도 조사나 모니터 요원이 그것이다. 이렇듯 변화 인프라는 혁신의 과정에서 변화를 촉진하는 하나의 틀이며 가이드가 된다. 인프라의 효과는 조직의 저항을 구조적으로 줄여 주는 역할을 하며 변화의 방향대로 가이드하는 역할을 한다.

물론 인프라가 모든 것을 다 이뤄 주는 것은 아니다. 역시 중요한 것은 인프라를 활용하는 사람들이다. 그러나 인프라가 잘 갖추어진 경우와 그렇지 않은 경우 변화의 효과성은 확실히 차이가 난다. 그래서 어느 정도의 변화 인프라에 투자가 필요하다.

혁신 리더의 조건 INNOVATION TIP!!

1. 변화 인프라 구축에 투자해야 한다.
2. 커뮤니케이션 인프라를 기본으로 구축해야 한다.
3. 커뮤니케이션 채널을 만들거나 조정하고 회의체나 조직체를 구성하기도 한다.
4. 정규적인 모니터링 역시 중요한 인프라이며 체계적인 분석으로 변화의 정도를 측정하고 활동의 강도를 조절할 수 있다.
5. 체인지 인프라를 통해 거부감을 줄여 주고 혁신의 진행 과정에서 뒤처진 조직원의 변화를 촉진시킬 수 있다.
6. 체인지 인프라 역시 인프라 자체가 무엇을 자동적으로 해 주는 것은 아니며, 이를 잘 활용하는 사용자에 의해 큰 효과를 발휘할 수 있거나 그렇지 않을 수도 있다.

6

중요한 것은 조직적 학습이다

INNOVATION LEADER

여섯 번째 산행
이 모든 과정이 어려움을 겪는 단계를 거쳐 성장한다.

성공을 경험한 조직은 새로운 혁신에 도전하지만 그렇지 못한 조직은 혁신의 내성만 강화될 뿐이다.

01 보이기 위한 프로젝트
깡통 시나리오의 경우

프로젝트의 범위가 점차 커지고 있다. 이것저것 이미 대단위 예산이 투입된 프로젝트에 임직원이 기대하는 바가 크기 때문에 여러 가지 요구 사항이 쏟아졌다. 이제껏 있었던 모든 것이 이번 한 번에 다 해결될 수 있다는 듯한 인상을 가질 정도였다. 모든 것이 자동화되고, 모든 것이 알아서 처리될 수 있다는 희망을 불러일으켰다. 그도 그럴 것이 상급자에게 혁신 프로젝트를 물어보면 실질적 업무 내용보다는 막연한 기대감 이상의 내용을 알고 있지 못했던 것이다.

 듣고 있으면 정말 환상 같았지만 정작 구체적인 것은 알 수 없었다. 혁신 프로젝트 팀 홍보 사이트가 있긴 했는데 어려운 용어로만 가득 차 있었고 업데이트된 지는 오래된 것 같았다. 가끔 부서에 와서 회의를 하곤 하는데 정말 엄청난 변화가 있을지는 잘 모르겠다. 말만 그러는지 정말 변화가 있을는지. 하여튼 임직원은 별로 하는 일

없고 프로젝트 팀에서 나중에 뭔가 큰 선물을 안길 태세이다.

프로젝트 팀은 이것저것 범위만 넓혀 갔다. 모두들 요구 사항을 제시하고 해결자는 프로젝트 팀원 혹은 외부 업체로 정해져 있었다. 내부에서 누군가 어려움을 짊어지리라고는 상상할 수 없었다. 신기술, 새로운 프로세스를 도입하는 것만으로 모든 것이 해결되는 듯 보였다. 의사 결정의 어려움이나 임원진의 참여 같은 내용은 없었고 모든 것이 자동화 처리되어 업무가 없어지거나 줄어든다는 내용이었다.

너무 희망이 커서 그랬을까? 아무도 의심하지 않는 사이 프로젝트 팀은 근심만 쌓여 갔다. 너무 많이 과장되어 말하다 보니 감당해야 할 어려움이나 극복해야 할 과제, 결정해야 할 사항들은 숨겨 버리기에 바빴다. 정작 중요한 것은 빠진 채 모든 것을 가정으로 남겨 두었고, 사람들은 공상 과학 만화 같은 기대감만 부풀렸다.

사장님도 임원들도 기대가 크니 잘해 보라는 식이었지 어떤 것부터 도와줘야 하는지, 가장 큰 이슈나 의사 결정 사항은 무엇인지 도통 알려 하지 않았다. 배울 것은 없고, 말만 하면 자동으로 실행되는 마법 상자 같은 물건을 하나 사서 쓰는 것이라고 생각하고 있는 듯했다.

프로젝트 팀의 공수표 남발은 오래가지 않았다. 업무가 진행됨에 따라 부담감이 몰려왔다. 협의할 내용의 이해관계에 따라 결단이 필요한 내용, 임원들의 의사 결정이 필요했다. 그러나 그것이 쉬운 일도 아니었고 감당할 사람도 없어 보였다.

의사 결정을 하라 하면 실무자들과 잘 협의하라는 것이 지침이었고 누군가의 결단이 필요하면 아무도 책임지지 않은 채 시간이 흐르면 기존 방식을 고수하는 형태로 되돌아갔다. 새로운 옷을 입었지만 몸은 씻지 않아 옷도 따라서 더러워지는 상태가 되었다. 잠깐 새 옷을 입었을 때의 상쾌함이나 뿌듯함을 위해 지나치게 많은 투자가 이루어지고 있었다.

사람들의 관점 역시 성과가 개선되느냐, 수익이 되느냐보다 쓰기 편한가, 보기 좋은가가 우선이었고, 그래서 핵심적인 고민보다는 사용 편리성에 많은 시간을 허비했다. 그리고 원칙은 무너질 때가 많았고 사용자의 요구라는 벽에 숨어 혁신이 아닌 포장을 바꾸는 방식으로 진행되어 갔다.

깡통의 조짐 INNOVATION TIP!!

1. 모든 것이 자동화되리라고 기대한다.
2. 책임지는 일과 역할을 제대로 수행하려 하지 않는다. 특히 리더들의 마음이 참여가 아닌 한 번의 투자 결정 자체로 다 이뤄진다고 믿는다.
3. 프로젝트 팀 역시 진실을 모르고, 알고 있어도 이야기하지 않으며, 보기 좋은 모습만을 지향한다.
4. 근본적인 변화가 아닌 외양의 변화만을 추구하고 핵심 이슈는 여건이 마련되지 않았다는 핑계로 연기시킨다.

02 조직적 성공 체험을 중시하는 혁신

베팅 시나리오의 경우

프로젝트 시작

초기부터 프로젝트 팀에 대한 육성이 매우 중시되었다. 컨설턴트들이 투입되고 나서 학습에 대한 부담감도 많아지고 혁신은 한두 번으로 끝나지 않기에 계속 배워야 한다는 이야기를 프로젝트 팀장과 임원들에게 들어 부담이 많았다. 나중에는 나 혼자 해야 한다는 생각에 좀 더 배우려고 노력하였다. 어느덧 나도 사내 컨설턴트가 되려나 하는 생각도 들었고, 이렇게 배우는 것도 미래를 위해 나쁘지 않다는 생각을 하게 되었다.

인사에서 특별 면담이 진행되었다. 프로젝트 팀에 배속되었으니 미래의 리더들이고, 특별 관리가 이뤄지고 있다고 했다. 임원과 같이 미래 업무에 대한 대안 설계도 하고 임원이 직접 평가를 수행한다는 이야기도 들었다. 기분도 우쭐해지고 뭔가 열심히 해야겠다는 생각도 들었다. 임원과 논의하는 일 자체가 재미있었고 컨설턴트의 의견에 좀 더 주의를 기울였다. 프로젝트를 성공시켜야 한다는 부담감은 점차 늘어 갔고, 따라서 책임지지 못할 일을 무작정 벌이는 경우는 없어졌다.

프로젝트 팀장도 무조건 일을 벌이지 말고, 핵심에 집중하고 반드시 성과를 내야 한다고 하였다. 프로젝트 팀장 역시 비장한 각오를 다졌다. 사장님이 워낙 프로젝트를 많이 해 본 분이어서 비핵심은 아예 관심을 두지 않은 모양이었다. 정말 근본적인 변화를 위해 고민에 고민을 다하는 분위기였고 밤늦게 토론을 벌이는 일이 잦았다.

이번 프로젝트 기간은 회사 생활 중 가장 힘든 시기일 뿐 아니라 가장 보람되고 주위에서 부러움을 받는 시간이었다. 조직 내에서 다시 태어나는 느낌이다.

사장님이 프로젝트 팀에 와 했던 말씀이 생각난다.

"이번 혁신은 미래 혁신의 초석이 될 것입니다. 이번 한 번만이 아니라 우리는 차곡차곡 성공적인 혁신을 계속 이어 갈 것입니다. 보이기 위한 격식을 빼고 실질적인 성과가 날 혁신 주제를 다뤄 주십시오."

최고 경영자의 리더십은 임원들과 함께 다시 새롭게 쓰이고 있었다. 초기 반대하는 임원들도 없지 않았으나 점차 최고 경영자의 사상에 동의하고 이에 어떻게든 맞추려는 모습이 역력했다.

혹자는 인사에서 사장님과 함께 임원진 리더십 평가를 하고 있다는 이야기도 들렸다. 그래서 그런지 혁신에 몸이 달아 있는 것은 다름 아닌 임원들이었다. 기존의 과제를 이번 혁신과 연계하려 하고 또 조직원의 참여도를 보이기 위해 여러 각도의 노력을 하고 있었다. 프로젝트 팀원에 대한 관심도 각별하였다.

혁신 프로젝트는 우리 회사 경력에서 매우 비중 있는 과정이라는 쪽으로 인식이 바뀌었다. 또 프로젝트 팀원과 임원들이 격의 없이 회사의 발전 방향을 위해 논의하고, 컨설턴트들은 타사 사례들과 그간의 경험을 곁들였다. 올바른 방향에 대한 논의가 깊어지다 보면 임원들과 프로젝트 팀원의 술자리도 자연스럽게 만들어지곤 했다. 수고하고 격려하는 차원도 있었지만 논의 자체에 흥미를 느끼고 토론하기 위한 자리도 많았다.

사내 분위기는 성장과 발전을 위한 고민의 장으로 바뀌었다. 혁신은 무엇보다 우선시되었고 사장님 역시 최고의 관심을 두었다. 업무는 기본이고 혁신은 주특기가 되어야 했다. 혁신의 방향을 모두 알아야 했고 그 방향에 조직이 어떻게 잘 대응하느냐가 주된 관심이었다.

사장님은 정기적으로 임직원에게 혁신의 중요성을 역설했고 홍보팀을 통해 타사의 사례를 알리기에 힘썼다. 그래서 조직원은 회사에 출근하는 것이 곧 혁신하기 위해 나오는 것이라고 생각하기까지 생각했다. 그러나 그러한 과정이 조직원의 역량을 배가시키는 과정이었기에 모두들 힘들지만 의미 있는 과정이라 생각했다.

임원들, 팀장들 역시 속마음은 어떨지 모르지만 적어도 겉으로는 혁신 지상주의가 되어 가는 듯했다. 변화와 혁신이라는 키워드는 그렇게 조금씩 그리고 심도 있게 조직에 뿌리내리고 있었다.

베팅의 의지

INNOVATION TIP!!

1. 최고 경영자부터 모든 메시지에 혁신을 담고 이를 통해 새로운 리더십을 만들어 간다.
2. 임원들도 변화와 혁신에 대해 자발적으로 고민하고, 어떻게 해서든 동참하려 애쓴다.
3. 프로젝트 팀원은 핵심 멤버들로 교육받고 지원받는다.
4. 임직원이 혁신을 성공을 위한 절대적인 코스워크로 인식한다.

03
도미노 게임과 프로젝트 범위

도미노 게임은 생각과 현실이 다르다는 점을 잘 알려 주는 게임이다. 그리고 실수를 하지 않는 것이 얼마나 중요한지도 잘 알려 준다. 프로젝트 범위 관리의 중요성을 일깨울 수 있는 도미노 게임에는 세 단계가 있다.

첫째 단계는 도미노를 주고 자신이 할 수 있는 범위 내에서 동그라미 모양의 도미노를 만들어 보는 것이다. 정해진 시간을 주고 마음껏 만들 수 있도록 하고 시간 내에 완성하게 한다. 어떤 사람은 너무 욕심을 부려서 또 어떤 사람은 실수로 무너뜨려서 개인 도미노를 완성할 수 없게 된다. 도미노의 핵심은 완성하는 것이지 만들다 중단하는 것이 아니기 때문에 완성하는 사람에게 10점, 그리고 크기에 따라 보너스를 줄 수 있다. 기본 규칙은 완성을 다 하는 사람에게만 점수를 주는 것이다. 보너스에 욕심을 부리면 기본 점수와 보너스

모두를 잃게 된다.

개인이 스스로 정해진 시간 내에 도미노를 한두 번 만들다 보면 시간 내에 할 수 있는 것과 그렇지 못한 것을 구분할 수 있게 된다. 자기 테스트를 통해 자신이 잘할 수 있는 범위를 알게 되고 이때 비로소 자신만의 모양도 잘 시도할 수 있다. 시간을 고려하지 않고 무작정 크게 만들려고 하다 보면 완성하지 못하는 경우가 많다.

둘째 단계는 다른 사람과 연계하는 것이다. 팀원끼리 묶으면 더욱 좋다. 이번 단계에서는 서로 개인적으로 만든 부분들을 다른 팀원과 연계되도록 하는 것이다. 물론 시간 제약이 있다. 이 단계에서는 서로의 협력이 중요하다. 자칫 남의 도미노를 쳐서 무너뜨릴 수 있으니 조심해야 한다. 또 서로가 맡은 부분을 잘 만들어야 전체 도미노에 도움을 줄 수 있다. 또한 자신의 도미노와 타인과의 연결을 고려해서 시간을 배분해야 한다. 이제 남을 배려해야 하고 앞사람과 뒷사람을 고려해야 한다. 또 남에게 피해를 주지 않는 범위 내에서 나의 것을 만들어야 한다. 연계는 매우 중요하다. 연결되지 못하면 팀 점수가 없기 때문이다. 팀 점수 100점은 바로 팀 전체가 연결될 때 가능하다. 그러고 나서 개개인이 있는 것이다.

셋째 단계는 전체를 함께 묶는 것이다. 개별 팀끼리 묶었다면 팀끼리 또 묶는 것이다. 참 어려운 일이다. 전체 모습을 가져가기 위해 모양도 구상해야 하고 그러기 위해서는 전체를 보는 시각도 필요하다. 전문가의 도움이 필요할 수도 있다. 이제 각자 자기 일에만 집중하는 사람, 남 일에 간섭하는 사람, 전체를 보고자 하는 사람들로 나 뉠 것이다. 그러나 전체가 하나가 되면 1,000점을 얻게 된다. 모양이 멋있으면 보너스가 주어진다. 전체가 중요하다. 그러나 전체는 쉽지 않다.

일을 시작할 때는 사실 나 자신만을 고려하여 욕심을 내기 쉽다. 앞뒤 고려하다 보면 시간도 많이 걸리고 조율도 꼭 필요하다. 나도 도움을 받아야 하고 나도 남을 도와야 한다. 또 전체를 고려하는 것은 개인적으로 귀찮은 일이나 분명 전체적으로는 중요한 일이다.

개인적이고 주관적 생각만으로 행동해서는 비효율을 낳을 수도 있다. 뷔페 식당에 가면 자신의 판단이 얼마나 부정확한가를 알 수 있다. 다 먹을 수 있을 것 같아 가져오지만 과식하는 것은 당연한 일이 되어 버린다. 그래서 사전에 마음을 먹고 통제를 가해야 한다.

도미노 게임을 통해 프로젝트 범위 관리의 필요성을 보다 명확히 느낄 수 있다. 욕심을 내는 것과 감당하는 것은 다르다. 특히 전사적인 주요 자원을 투입하고 그 전략적 결정으로 확실한 실적을 내야 하는 경우는 더욱 그렇다. 보다 핵심에 집중해야 하고 집중한 결과 반드시 성과로 이어져야 한다.

중요하다고 모든 내용을 다 포함해서는 안 되는 이유는 더 중요한 일을 잘하기 위함이고 그리고 더 중요한 그 일을 통해 이전에 얻지 못한 성과를 얻기 위함이다.

그러나 현실적으로 너무 쉽게 이러한 가정이 무너져 버릴 때가 많다. 마치 매번 급식대에서 음식을 더 담아 전체적으로 잔반이 많이 남는 것과 뷔페 식당에서 내 눈과 내 손을 매번 신뢰하는 것과 같은 이치이다. 그래서 경험을 토대로 한 이성이 통제될 때 성과를 낼 수 있는 적절한 업무가 가능하게 된다.

혁신 리더의 조건　　　　　　　　　　　INNOVATION TIP!!

1. 핵심에 집중해야 한다. 그리고 반드시 성공하여 성과를 얻어야 한다. 많은 것을 추구하는 것보다 더 중요한 것은 모두가 느낄 수 있는 성과를 얻는 것이다.
2. 범위에 대한 결론은 이성이 통제하도록 해야 한다. 의지만으로 되는 문제는 아니다.

04
혁신의 가장 중요한 점은 성공이 아니라 오히려 성공 체험 그 자체이다

혁신을 추진하다

보면 많은 것을 얻으려는 욕심을 부리게 된다. 투자한 것이 있으니 당연히 얻어야 하지만 정작 더 중요한 점을 놓치는 경우도 있다. 그것은 바로 조직의 성공 체험이다. 조직이 수많은 혁신을 추진하지만 정작 그 효과성에 대해서는 의문을 가지면서도 혁신을 다시 추진하지 않을 수 없는 것은 미래에 대한 불안감 때문이다. 도태될 수 있다는 불안함이 혁신을 재차 추진하게 만드는 것이다. 혁신하지 않는 기업은 망하지 않을지는 몰라도 도태될 가능성은 높다. 도태되지 않기 위해서는 변화해야 하고 변화하기 위해서는 혁신을 추진해야 한다.

그러나 혁신을 통해 얻는 성과보다 더 중요한 것을 놓치는 경우가 많다. 그것은 바로 혁신을 통해 얻는 조직의 성공 체험이다. 성공 체험을 가지게 되면 조직은 다음에 도전할 힘과 혁신 리더십에 대한 신뢰를 가진다. 혁신은 지속적으로 추진되어야 하며 기업을 변화시켜 나가는 하나의 프로그램이다. 단기에 무언가를 해서 반짝 성과를 내는 이벤트가 아니다. 정보 시스템을 바꾸었고 프로세스를 재설계했다고 끝나는 것이 아니다. 새로운 프로세스를 사용하고 그로 인해 효과를 보아야 하고 변화로 인한 경쟁력 향상을 느껴야 한다.

힘들게 땀 흘리면서 산을 타고 정상에 선 기쁨을 맛본 사람만이 다시 산을 찾게 된다. 높은 산, 큰 산을 올랐다는 게 중요한 것이 아니라 낮은 산이라도 정상에 선 기쁨을 누리게 하는 것이 장기적으로 더 중요하다. 그것이 지속적으로 혁신을 추진하게 하는 방법이다.

그러나 대부분 높은 산만 오르려다 정상에 서 보지도 못한 채 내려오는 일을 반복하게 되고, 이러다 보니 높은 산, 유명한 산은 가 보았을지언정 정상에 서 본 기쁨이 없이 고생만 하고 중간에 낙오하는 기억만 있을 수 있다.

많은 혁신이 결과물 이외의 가치에 대해 무지한 경우가 많다. 혁신을 추진하는 과정에서 프로젝트 팀원에 대한 배려와 임직원을 어떻게 혁신에 동참시킬 것인가에 대한 전략 그리고 혁신을 통한 리더십 확보 이 모두를 전체적으로 파악하고 관리하면서 혁신을 추진해야 성공적인 혁신 체험이 가능하다.

따라서 장기적인 전략 방향을 잡고 혁신 프로젝트를 단계별로 수행하는 것이 바람직하다. 한 가지 혁신 프로젝트로 회사의 모든 것을 바꾸는 것은 불가능한 일이다. 그보다는 임직원이 새롭게 변화에 적응하고 그리고 새로운 역량을 확보하는 학습 과정을 반복하면서 회사를 지속적으로 바꿀 수 있다. 그리고 혁신의 결과로 성과가 가시화되고 수익이 증가하는 실적을 통해 혁신 리더십에 대한 신뢰가 확보되고, 비로소 본격적인 혁신을 시작할 수 있는 단계에 진입하게 되는 것이다.

성공 체험이 올바로 뿌리내리기만 한다면 조직은 스스로 혁신하고, 발전할 수 있는 힘을 갖추게 된다. 이제 토양만 잘 가꾼다면 혁신은 자가발전 능력을 갖추게 된다.

혁신에 성공해야만 임원으로 확실히 승진할 수 있고, 프로젝트 팀원으로 선발되는 것은 곧 핵심 인재로 인정받는 일이며, 핵심 인재는 별도의 인사 관리와 지원을 받고, 최선을 다한 인력에게는 보상이 따른다는 점을 조직이 믿어 의심치 말아야 한다.

퇴출될 인력을 담보로 프로젝트 팀을 구성하거나, 조직에서 우수한 인력을 프로젝트 팀으로 차출하지 않고, 임원의 관심도 없이 형식적인 혁신의 과정을 밟는 것으로는 절대로 원하는 성과를 거둘 수 없다. 너무나 자명한 이치를 알면서도 혁신은 상황 논리에 따라 매번 깡통이 되는 경우가 많은 것 또한 안타까운 현실이다.

혁신 리더의 조건　　　　　　　　　　　INNOVATION TIP!!

1. 혁신의 가장 중요한 가치는 혁신을 경험하는 임직원과 이를 통한 자신감과 성공 체험이다.
2. 임직원으로 하여금 혁신을 중요한 경력 관리로 인식하게 해야 한다.
3. 성공 체험을 통한 조직 학습은 지속적인 혁신을 자발적으로 추진하도록 격려하고 동기를 부여한다.

05
전략은 중요한 것들의 집합이 아니라 선택을 위한 포기 그리고 집중을 통한 성과이다

혁신을 추진하다 보면 제안서에서부터 '전략'이라는 말이 많이 등장한다. 가장 중요한 것이 전략이고 또 전략적 판단으로 의사 결정을 내린다. 그런데 이 전략에 대한 오해가 많은 것 같다. 모든 중요한 점을 다 나열하면 그것이 전략이라고 이야기하는 경우가 많다. 중요한 점들만 나열한 것만으로는 전략이라 할 수 없다. 전략은 부족한 여건에서 최선의 결정을 하기 위한 어쩔 수 없는 선택을 의미한다. 모든 중요한 점들 중에서 이번 상황에 맞는 전략적 우선순위를 정해야 하고 일부를 선택해야 한다. 자원이 한정적이기 때문이다. 일반적인 모든 중요한 점들이 다 전략이라고 이야기하는 것은 전략이 없는 것과 같다. 그러나 이러한 경향은 혁신 프로젝트 제안서에서도 많이 나타나고, 모든 중요한 점을 다 이루려는 프로젝트 범위에서도 나타난다.

선택을 위한 포기, 집중을 통한 성과!

전략은 핵심적인 부분 몇 가지에 집중해야 하는 것이며 다른 문제점이 발견되더라도 더 큰 것을 위해 당장은 포기할 수 있는 것이 전략적 의사 결정이다. 따라서 전략은 상황적 고려가 따르고 그리고 핵심적인 부분의 우선순위를 조율하며 조정하는 과정이 따른다. 결국 어쩔 수 없이 포기할 부분이 생기게 된다. 그래서 전략을 선택과 집중이라 부르기도 하지만 더 중요한 것은 선택을 위한 포기 그리고 집중을 통한 성과이다.

전략을 다루면서 흔히 저지르기 쉬운 잘못은 다음과 같이 정리할 수 있다.

첫째, 아주 많은 부분에서 전략을 단순히 중요한 것들의 나열 즉 상황을 고려하지 않은, 오로지 중요한 점들의 나열로 인식하면 안 된다. 전략은 상황을 고려한 최선의 선택이어야 한다. 물론 위험이 존재한다. 실패할 수도 있다. 하지만 제한된 여건 속에서 최선의 선택으로 필수적인 결과를 얻고자 하는 것이 바로 전략의 본질임을 명심해야 한다.

둘째, 선택을 위해 일정 부분 포기가 따를 수 있다. 좋은 모든 것을 선택하는 것이 아니라 가장 중요한 선택을 위해 일부는 포기할 수도 있다는 것이다. 이것도 저것도 다 해야 하고 포기가 없다면 너무 많은 타깃으로 인해 오히려 핵심을 잃게 될 가능성이 많다.

셋째, 집중은 집중 자체로는 의미가 없다. 집중해야 하는 이유는 집중을 통해 성과를 거두기 위함이다. 그저 집중만으로 즉 의사 결정만으로 모든 일을 끝내서는 안 된다. 집중은 자원의 집중이라는 부담을 가져야 한다. 그리고 그 부담의 끝은 성과이다. 즉 여러 가지 중에 많은 것을 포기하고 하나를 선택했고 거기에 모든 자원을 집중했다면 집중을 통한 성과를 반드시 얻어야 한다.

이러한 전략적 특성은 상황을 고려하여 최선을 선택한 까닭에 이슈와 어려움을 안고 출발해야 하는 경우가 많고 위험이 따른다. 선택과 더불어 포기를 수반하고 자원을 집중해야 하는 것이므로 결과적으로 성과를 내야 하는 부담스러운 작업이어야 한다.

전략을 다루면서 저지르는 일반적인 오류는 중요한 점들을 모두 열거하고, 선택에 선택을 더하여 더 이상 선택이라는 용어가 의미가 없어질 때까지 잔뜩 고르는 것이다. 이 경우에는 선택에 집중하자고 하지만 어느 것도 포기하지 않아 모든 요소에 자원을 배분하게 되어 보편적인 성과로 만족하게 된다. 또한 모든 것을 취하려는 '무전략'은 핵심 성과를 가져오지 못하는 깡통 혁신을 만들어 낸다.

혁신 리더의 조건　　　　　　　　　　　　　　INNOVATION TIP!!

1. 혁신 과정에서 전략적 선택은 필수 불가결한 과정이다.
2. 모든 중요한 점들이 전략은 아니다.
3. 전략의 어려움은 선택과 집중이라기보다는 선택을 위한 포기 그리고 집중을 통한 성과이다.
4. 성과를 얻지 못한 전략은 이미 가치를 가지지 않는다.
5. 혁신 성공의 핵심은 이 전략적 가치를 학습하는 과정이다.

06

목표는 100퍼센트가 아닌 70퍼센트여야 빨리 갈 수 있다

혁신은 주어진 조건과 제약 안에서 성과를 극대화해야 하는 업무이다. 변화를 추구하긴 하되 조직을 무너뜨리지 않는 수준이어야 하고, 핵심 자원을 집중하여 반드시 효과를 보아야 한다. 가능한 한 완벽을 기해야 하지만 적시에 성과를 거두기 위해서는 일부를 양보해서라도 핵심 성과를 얻어야 할 때도 있다.

과거에는 신규 상품 전략 중에서 빨리 시장에 내놓고 사후 관리로 보완하는 전략이 있었다. 완벽을 기하기 위해 미진한 부분을 붙들고 있다 보면 시장의 흐름에 뒤처질 수 있으므로, 불완전하더라도 핵심 기능에 이상이 없으면 먼저 시장에 내놓고 사후 보완하는 것이 경쟁에서 밀리지 않는다는 게 그 전략을 쓴 이유였다.

그렇다면 혁신은 어떨까? 핵심은 150퍼센트로 하고 나머지는 70퍼센트로 맞출 필요가 있지 않을까? 핵심이 아닌 사항인데도 프로젝트 범위에 포함되었다는 이유만으로 그것에 매달려 있을 필요는 없다는 것이다. 다만 핵심을 정할 때는 만약을 대비해 150퍼센트로 준비하는 것이 필요하다. 핵심은 그야말로 전략적 무기가 될 수 있기 때문이다. 핵심이 성공해야 성과를 만들어 낼 수 있다.

또 보다 빠른 혁신의 성공을 보기 위해서는 주변 업무에 대해서 100퍼센트가 아닌 70퍼센트를 목표로 잡고 이를 바탕으로 핵심을 성취해 나가야 한다. 모든 것을 위해 머뭇거리다가는 깡통이 되기 쉽다. 전략을 추진할 때는 사안별로 구별하여 수행할 필요가 있다. 기존에 생각했던 범위의 70퍼센트를 생각해야 생각지 못한 범위의 확대를 감당할 수 있다. 아울러 핵심은 확실한 성과를 내도록 그것에 집중해야 한다. 부수적인 것은 목표 수준을 낮추고 추후 보완하도록 하고 핵심에 자원을 집중해야 한다.

정보화 사회로의 전환이 가속화되면서 경쟁력의 핵심은 품질에서 이미 빠른 대응력으로 전환해 가고 있다. 사실 품질의 절대적인 기준은 대동소이하지만, 감성적 부분이라 할 수 있는 부가적인 서비스나 디자인 측면은 그 중요성이 빠르게 증대되고 있다. 성능도 중요하지만 트렌드가 그보다 더 중요하게 요구되고 있는 것이다. 많은 것을 많이 얻기 위해 준비하는 것도 중요하지만 당장 필요한 것을 빨리 얻기 위해서, 혁신은 더욱 중요해지고 있다.

혁신 리더의 조건   INNOVATION TIP!!

1. 조직이 혁신을 통해 빠른 의사 결정을 학습할 수 있어야 한다. 느린 결정은 만족스럽지 못한 결정보다 못할 수 있다. 느린 결정은 기회 자체를 앗아가 버릴 수 있기 때문이다.
2. 혁신을 통해 빠르게 시장에 대응할 수 있는 훈련을 쌓아야 하며 성과를 통해 보상받는 체계가 세워져야 한다.
3. 시장 환경 변화를 재빨리 인식하여 빠른 대응 인프라를 구축하고 빠른 조직적 대응 역량을 갖추는 것이 혁신의 내용이다.

07
욕심이 깡통을 만들고
깡통이 쌓이면 내성만 키운다

혁신 이야기만 나오면 고개를 절레절레 흔드는 사람들이 있다. 말만 혁신이지 실질적 변화가 하나도 없다는 것이다. 그들은 한결같이, 혁신이 돈만 쓰고 성과는 없었다고 한다. 물론 전혀 없었느냐고 묻는다면 답변은 달라지겠지만 대부분 혁신의 성과에 대해 그다지 긍정적이지 않은 경우가 많다. 그 이유는 말뿐인 혁신이기 때문이고 조직이 고통을 감내하지 않았기 때문이다. 무언가 성취감을 얻기 위해서는 노력이 수반되어야 한다. 등산을 가서 케이블카를 타고 올라갔다 내려왔다면 등산의 의미가 무색해질 것이다. 조직이 함께 혁신에 동참하도록 도와주고, 성취감을 맛보며, 전략적 의미를 학습할 때 혁신은 가치를 지니게 된다.

설령 이번에 원하는 기대치에 못 미쳤다 하더라도 지속적인 혁신의 필요성을 느끼고 발전의 희열을 느끼는 계기를 가져야 한다. 작은 범위였지만 확실한 성공을 통해 성과를 거두었다면 혁신은 해 볼 만한 가치가 있다고 느끼게 된다. 그리고 혁신을 통한 성장 방법을 나름대로 터득하게 된다. 그리고 시기가 지나면 더 자신 있게 혁신에 동참할 수 있고 더 큰 성과를 얻는 초석이 된다.

그러나 잘못된 혁신은 지속적으로 부수적인 일만 늘어나게 하는 결과를 낳는다. 알맹이 없는 또 다른 의미 없는 행정 업무만 늘어나는 것이다. 실익 없이 보이기 위한 작업만 한다든지 누구의 일거리를 만들어 주기 위해 해야 하는 일 혹은 하위 조직에게만 전가되는 부담감 등이 그 예이다. 혁신은 느슨해지는 조직을 바로 잡고, 환경 변화에 맞게 그리고 경쟁 구도에서의 경쟁력을 유지하는 튜닝 작업이다. 내성만 늘어나게 되면 오히려 혁신하지 않는 것보다 못할 수 있다.

혁신 프로젝트 팀에 들어가면 고생만 한다, 경력에 전혀 도움을 주지 못하고 오히려 기존 조직에서 도태된다든가 아니면 힘없고 실력 없는 사람이 주로 간다는 인식이 있으면 혁신은 절대로 성공할 수 없다. 그들이 설계한 내용을 조직원이 따를 리 없기 때문이다.

혁신의 내성은 조직의 매우 심각한 중병이다. 혁신의 내성을 다스리지 못하면 혁신에 성공할 수 없다. 내성을 치료하기 위해서는 신뢰를 쌓아야 한다. 혁신에 대한 신뢰를 차곡차곡 조심스럽게 만들어 가지 않으면 내성이 곧 깡통을 만든다. 적당히 타협하고 싶어진다. 결국 어느 누구에게도 필요 없는 군더더기만 만들 수 있다. 마치 쓸모없는 신호등처럼 쓸데없이 흐름만 방해하게 된다.

혁신 리더의 조건

INNOVATION TIP!!

1. 혁신이 실패하는 것은 간단한 문제가 아니다. 수많은 기회 비용과 더불어 조직적으로 내성만 키우는 악영향이 남는다.
2. 혁신은 반드시 성공해야 한다. 의도적으로 성공을 만들어서라도 성공해야 한다. 그것이 그나마 내성을 줄이는 길이다.
3. 성공 체험은 내성과 정반대의 힘을 갖고 있다. 성공 체험은 할 수 있다는 모티베이션이며, 내성은 경쟁사에서 한 일을 우리는 할 수 없다고 생각하게 만드는 나약함이다.

08 혁신의 자세

운동에도 자세가 있다.
기본기가 충실해야 지치지 않는다. 잘못된 자세로 운동을 시작한 사람은 금세 지치기 마련이다. 자세를 가다듬지 않고 무언가를 시작하면 지속적인 향상을 이룰 수 없다. 당장은 문제가 되지 않더라도 지속적 발전에 저해가 될 가능성이 많다.

혁신에도 자세가 있다. 혁신을 많이 한 조직은 자세가 다르다. 리더십이 다르고 참여 정도가 다르다. 오히려 본업보다 혁신을 더 중요시하는 조직이 있고, 반대로 혁신을 군더더기로 취급하는 조직도 있다. 조그마한 이슈나 사소한 어려움에도 "총론 찬성, 각론 반대"라는 반대 의사를 끊임없이 제기하는 조직이 있다. 이러저러한 문제가 있으니 더 이상 진행하기 어렵다는 것이고 일을 추진한 조직에서 책임을 져야 할 것이라는 면피성 발언이 많아진다. 그러나 어떤 조직은 총론의 전략적 판단에 각론은 극복해야 할 과제로 여기는 조직도 있다. 이슈는 극복의 대상일 뿐 이슈로 인해 전략적 판단을 돌이키지 않는다.

혁신을 할 때 커뮤니케이션과 리더십이 중요하게 작동하는 조직이 있고, 담당 조직의 문서 행위로 혁신이 끝나 버리는 조직이 있다. 최고 경영자가 혁신에 지속적인 관심을 갖고 실질적인 참여를 유도하는 조직이 있는가 하면, 혁신 활동을 외부 업체에 맡겨 놓고 전사적 참여를 부담스럽게 여겨 회피하는 프로젝트 관리자도 있다. 분명 성과에 차이가 날 수밖에 없다. 자세는 운동할 때에만 중요한 것이 아니다. 혁신에서도 조직적 자세는 매우 중요하다.

혁신을 위한 기본적인 자세는 임원진에서도 나타난다. 최고 경영자의 혁신 의지를 북돋고, 전사로 전파하는 역할을 수행할 수도 있지만 그렇지 않은 경우는 잡음이 들리는 경우가 많다.

혁신은 조직의 최고 우선순위가 되어야 한다. 그렇지 않은 조직은 당면한 비즈니스를 위해 혁신을 희생한다. 자원 할당 역시 우선순위에서 밀리게 된다. 그렇게 되면 혁신을 통한 미래의 결과도 현실적 문제로 제한될 수밖에 없다.

프로젝트마다 프로젝트 팀원의 자세가 다르다. 혁신 훈련을 잘 받은 기업과 그렇지 않은 기업의 프로젝트 팀원은 선발에서부터 커뮤니케이션 프로젝트 관리 능력에서 차이가 난다. 프로젝트 팀원 역시 혁신을 대하는 자세가 다르다. 역량이 갖추어지지 않을수록 혁신을 이끌어 가는 동력에 누수가 많다. 혁신에 대한 악순환이 일어난다는 이야기이다.

혁신에 성공한 기업들은 사원 전원의 참여를 기본으로 한다. 모두들 혁신에 참여하고, 또 혁신을 알아야 한다. 모두가 협력하여 성공을 같이 거두었다는 것이 더 중요하기 때문이다.

혁신을 지속적으로 추진한 기업들은 혁신의 결과보다 과정을 더 중시하며, 혁신의 성과를 보이기까지 인내해야 한다는 점을 알고 있다. 당장 결과가 보이지 않더라도 전략적 초점이 맞았다면 분명 성과가 있을 것을 확신하고 기다린다.

혁신 리더의 조건 INNOVATION TIP!!

1. 혁신의 자세는 단기간에 갖추어지지 않는다. 일종의 혁신과 관련된 조직 문화를 갖춰야 하기 때문이다.
2. 혁신의 자세를 위해서는 최고 경영자의 의지가 중요하다.
3. 혁신의 자세를 갖추기 위해 조직은 고통을 감내해야 한다.
4. 성공하는 혁신을 경험한 사람들이 많을 때 혁신의 자세는 보다 쉽게 갖추어진다.

부록
변화 관리 전략 전술

01 변화 관리란?

변화 관리에 대한 오해

혁신 업무 초기에는 변화 관리를 이해하는 사람이 많지 않았다. 변화 관리가 중요하다고는 생각하지만 변화 관리 업무 범위가 어떤 것인지를 이해하는 사람이 드물었다. 실무를 해 본 사람이 드물고 혁신 업무 자체를 경험한 인력이 부족했다. 그리고 변화 관리에 대해 막연한 인식들만 가지고 있었다. 그래서 변화 관리 업무가 세분화·전략화되지 못하고 그것에 대해 조직원이 막연한 기대감만 가지는 경우가 많았다.

변화 관리에 대한 동상이몽

모두들 경험해 보지 않아서인지 제각각 이해도 달랐고 일부 핵심 인력들이 정의하는 내용이 바로 변화 관리의 업무 내용과 범위가 되었다. 이벤트나 커뮤니케이션, 교육이 주된 내용이었다.

어려움을 경험한 사람들은 변화 관리가 중요하다고만 알고 있을 뿐 이를 어떻게 실천해야 하는지는 알지 못했고, 또 그렇게 경험이 있는 사람이라 하더라도 효과성을 보장하기 힘들었다. 괜한 돈만 쓴다고 생각하는 사람들도 있었고 구체적이지 않다고 이야기하는 사람들도 있었다. 미국이나 유럽의 경우는 달랐다. 혁신 업무 그 자체보다 오히려 변화 관리를 더 신경 쓰는 경우도 많았다. 그래서 초기에는 변화 관리의 개념을 잡는 일부터 시작하는 경우가 허다했다. 개념 정리를 위한 보고서와 계획을 세우는 문서 작업으로 변화 관리 활동이 진행되는 경우도 있었다.

전사적 활동은 보고서를 만들 뿐 실행은 시기를 넘기는 경우도 있었다. 변화 관리 활동이 전사 임직원을 대상으로 하는 전사적 활동이라는 데 대한 부담 때문에 진행을 망설이는 프로젝트 관리자들도 많았다. 변화 진척도 조사 결과가 좋게 나오지 않아 지속적인 관리를 꺼리는 관리자들도 있었다. 어떤 경우엔 용어나 방법론 등을 이슈로 시간을 넘기는 경우도 있었다.

아이디어만 있고 전략은 없다

기본에 충실하지 않고 뭔가 획기적인 아이디어를 요구하는 경우가 있다. 변화 관리는 사람을 대상으로 하는 영역이다. 물론 없는 것은 아니지만, 사람들의 변화를 획기적으로 변화시키는 방법은 그리 많지 않다. 최고 경영자의 메시지에 따라 변화는 획기적일 수 있다. 중요한 것은 이벤트가 아닌 이벤트가 담고 있는 메시지이다. 많은 돈을 들이지 않고 그리고 이벤트만으로 사람들을 단기간에 바꿀 수 있는 일은 드물다. 하나의 과정으로 변화하도록 독려하는 것 그리고 그렇게 행동하도록 유도하는 것이 무엇보다 중요하다. 아이디어는 전략을 바탕으로 나오고 단계적으로 접근해야 변화가 회귀되지 않는다.

인사가 빠져 있다

변화 관리는 대부분 사람에 대한 일이다. 프로젝트 팀원에 대한 팀워크, 임원을 대상으로 한 리더십, 일반 임직원의 인식 변화를 위한 홍보, 변화 진척도 조사 그리고 변화를 지원하는 조직 구성 등 대부분의 업무가 사람들과 연관되어 있다. 그러나 프로젝트에 투입하여 업무를 하다 보면 인사 인력의 지원이 부족한 경우가 많다. 프로젝트 팀원을 관리하고 리더십을 논의하면서도 인사 정보에 대한 접근이 어렵고 독려할 도구가 부족한 경우가 많다. 혁신이 제대로 이루어지기 위해 인사의 지원은 매우 중요하다. 혁신의 주요 이해 당사자를 관리하는 영역이 변화 관리 영역인데도 말이다.

변화 관리에 대한 올바른 개념

핵심 인력 중심의 변화 관리

변화 관리가 혁신 성공에 많은 영향을 미친다는 말을 듣고 경험이 많은 컨설턴트를 외부 전문가로 영입해 자문을 받기 시작했다. 회사의 전략 기획과 인사에 참여하여 회사의 변화 방향에 대해 논의하였고 시행착오는 있는 듯했지만 사장님과 프로젝트 팀장, 주요 임원에게 보고하는 일도 많은 듯했다. 중요하다는 것은 공통적으로 인지했지만 활동 자체가 그다지 특별한 것은 아니었다. 교육과 홍보 그리고 몇몇 기고 등이었다. 그러나 참여하는 주체는 회사의 핵심 인력들이었고 그들의 무게감으로 뭔가 다른 일을 하는 것처럼 여겨졌다.

업무는 주로 토론으로 시작하여 전략적 방향을 잡고 프로그램을 설계하는 방향으로 진행되었다. 컨설턴트는 경험을 토대로 조언하였고 가급적 회사의 조직 문화에 맞춰 가며 프로그램을 진행하려고 노력했다. 문서 작업은 사장님과 임원 보고 중심으로 진행되었고, 전략적 방향을 군더더기 없이 표현하는 것을 핵심으로 작업했다. 활동이 있은 후에는 반드시 점검이 있었고, 조직의 분위기를 논의하는 것이 주된 업무였다.

기본적으로 인터뷰가 많았고, 사람들의 인식 변화를 위해 고민에 고민을 더했다. 벤치마킹 내용을 자사에 맞게 적용하는 데 어려움이 많았지만 중요한 것은 활동에 대한 취지를 이해하고 자사에 적합한 활동으로 변환하여 적용하는 것이었다.

돌이켜 보면 변화 관리 활동은 내부 혁신 마케팅이라는 생각이 든다. 메시지를 많이 만드는 것보다 핵심에 정확히 전달하는 것이 더 중요했다고 생각한다. 힘든 일이었지만 임원들의 생각을 알 수 있었고, 변화를 위한 조직 관리의 핵심을 조금씩 이해하게 되었다.

변화 관리의 개념적 정의

변화 관리의 개념적 정의는 아래와 같다.

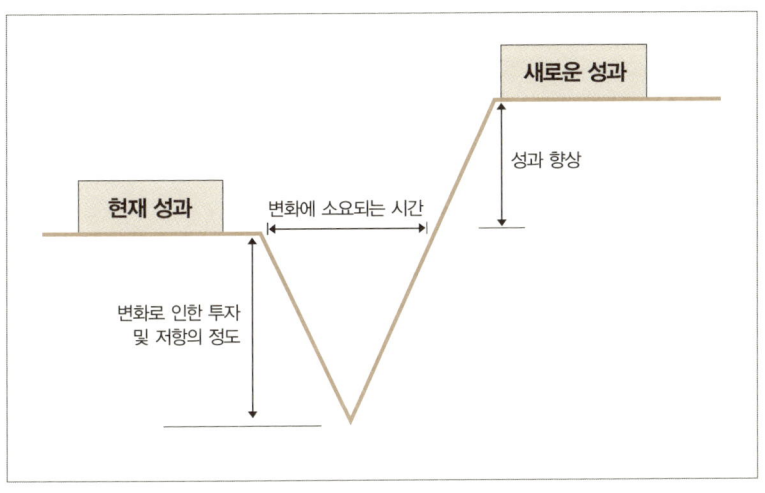

- 현재의 성과 수준을 높이기 위한
- 경영 혁신, 인수 합병, 조직 변화 등의 충격으로 인해
- 조직원의 저항과 성과 저하가 예상될 때
- 이를 극복하기 위한 제반 활동을 계획하고 관리하는 것.

즉 변화 관리는 조직이 새로운 변화를 받아들일 때 그러한 변화 충격으로 인해 생산성이나 성과의 저하가 예상되고 이를 가장 빨리 효과적으로 대처하기 위한 일련의 활동으로 볼 수 있다.

변화 관리의 개념 확장
변화 관리의 개념적 정의를 아래와 같이 확장된 개념으로 설명할 수 있다.

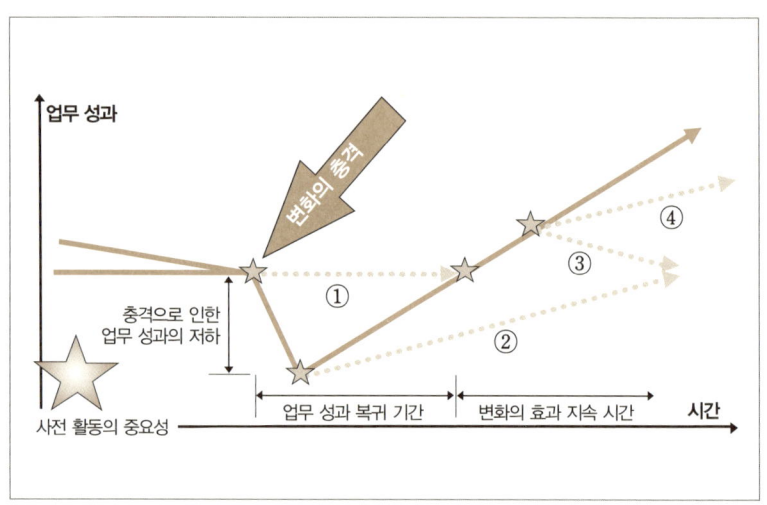

이 그림은 변화 충격에 대한 조직적 업무 성과가 시간의 흐름에 따라 어떻게 나타나는가를 나타내 주고 있다. 변화의 충격으로 인한 성과 저하의 깊이를 줄이고, 성과 저하에서 회복되는 시간을 줄이며, 성과가 다시 높아지고 떨어지지 않도록 지속적으로 확대되어야 한다.

- 변화의 충격
- 변화 충격으로 인한 업무 성과 저하
- 업무 성과 복귀 기간
- 업무 성과 향상
- 성과 향상 지속 기간
- 성과 향상의 시너지

①의 경우 조직에 아무런 성과 영향을 주지 않는 경우로 바람직하다고 볼 수도 없고 어떤 측면에서는 조직원에게 아무런 충격도 변화도 없다고 보일 수도 있다. 전사 변화가 아닌 내부적인 일부의 변화로 인해 조직에 충격이 없는 경우로 이러한 경우는 변화 관리를 시행할 의미가 없는 경우이다.

②와 같은 경우는 충격으로 성과가 낮아졌지만 시간이 지나면서 회복되었으나 기존 성과로 회귀하여 원래의 혁신의 의미가 없어지는 결과를 낳은 경우이다. 결국 이익은 없이 혼란의 상황만 초래하고 변화 노력에 대한 성과를 거두지 못한 경우이다.

③의 경우는 성과가 나기는 했지만 얼마 못 가서 과거의 방식으로 회귀되어 성과가 이전 수준으로 낮아진 경우로 바람직하지 않은 사후 관리의 전형적인 예라고 할 수 있다.

④의 경우 성과가 나기는 했지만 조기에 성과의 향상 폭이 줄어드는 경우라 할 수 있다.

위의 경우와 같이 변화 충격으로 인한 조직의 변화 충격을 최소화하고 혁신의 의미를 배가하려는 것이 변화 관리의 목적이라 할 수 있다. 그리고 그 이면에는 조직원을 배려하려는 구조적이고 체계적인 접근의 필요성을 암시하고 있다.

혁신 리더의 조건   INNOVATION TIP!!

1. 혁신에서 변화 관리는 매우 필수적인 활동이며 성공의 중요한 열쇠이다. 아울러 혁신을 이끌어 가는 최고 경영자가 스폰서하고 직접 관리하는 분야이기도 하다.
2. 프로젝트 관리자와 인사 담당 임원이 양대 축으로 회사의 혁신 문화를 바꾸고 조직의 혁신 분위기를 만들어 가야 한다.
3. 보다 장기적으로 생각할 필요도 있으며 여러 프로그램을 즉흥적인 아이디어성이 아닌 전략을 가지고 추진해야 한다.
4. 변화 관리의 성공을 위하여 적정 수준의 자원을 할당하고 특히 대외적인 이해 관계자를 위한 활동을 정기적으로 수행하여 기업 가치 극대화를 꾀해야 한다.
5. 변화 진척도 조사를 정규화하고 혁신의 의미를 성과와 더불어 성공 체험의 중요한 과정으로 인식할 필요가 있다.

02 변화 관리 개념 정립과 임원 인터뷰

프로젝트를 하다 보면 변화 관리에 대한 다양한 요구 사항을 듣는 경우가 많다. 한번은 모 전무님의 호출이 있었다.

"변화 관리가 뭐냐 하면 말이야, 척후병이야 척후병. 적진 깊숙이 들어가서 정보를 탐지해 장군에게 보고하는 역할 말이야. 현장에 나가서 인터뷰를 하고 그들의 요구 사항을 파악해 주었으면 좋겠어."

이런 이야기를 듣고 나오면 힘이 빠지기도 하고 변화 관리 범위 설정을 처음부터 논의할걸 하는 후회가 밀려오기도 한다. 그 말이 틀렸다는 것이 아니라 거기에만 집중할 수는 없기 때문이다.

프로젝트를 처음 시작하다 보면 변화 관리의 개념이 제각각임을 느끼는 경우가 많다. 그래서 처음부터 변화 관리의 개념에 대한 소개 강의를 먼저 시작하고 프로젝트 관리자나 스폰서가 생각하는 변화 관리의 범위와 내용을 확인하는 것이 좋다.

일반적인 경우 프로젝트 관리자들은 교육과 홍보를 주된 변화 관리 활동 범위로 여긴다. 또 혁신의 강도가 심한 경우는 리더십 프로그램이나 주도적인 리더가 있을 경우 변화 준비도나 변화 진척도 조사 등을 주된 변화 관리 활동으로 여기기도 한다.

이 모든 것이 다 변화 관리 활동임에는 틀림없으나 어찌 보면 혁신 업무의 이해 당사자들에 대한 변화 지원 활동으로 이해가 상충하거나 변화의 지원을 필요로 하는 프로젝트 팀에서부터 임원, 팀장, 오피니언 리더, 일반 임직원과 외부 주주까지를 포함하는 이해 당사자 대상 마케팅 활동이라 할 수 있다. 기업에서 마케팅이 판매를 위한 것이라면 변화 관리는 혁신을 파는 일이라 할 수 있다.

일반적인 변화 관리는 일반 홍보에서 교육으로 이어지는 추세이나 혁신의 강도가 강한 경우 임원진의 반발이 있을 수 있고 이를 대비한 리더십 활동이나 조직의 규모가 클 경우 오피니언 리더들이나 팀장들을 대상으로 한 오너십 활동을 강화할 수 있다.

프로젝트 진행에 따른 전체 변화의 흐름을 중심으로 이해 관계자별 변화 관리 전략을 수립해야 하며, 주요 프로젝트 이해 관계자들의 요구 사항을 청취하는 것도 중요하다. 또 변화 관리 조직의 자원 능력도 고려해야 한다. 홍보 활동이나 교육에는 많은 자원이 소요되기 때문이다. 어디에 집중할 것인가 그리고 어디에서 효과를 거두어 확대할 것인가의 흐름을 잡아야 한다. 그러지 않으면 수박 겉핥기식이 되어 효과도 나지 않고 비효율성만 높이게 될 수 있다.

혁신 프로젝트 초기에는 통상 임원 인터뷰가 있을 수 있다. 최고 경영자는 임원들의 의견을 받고 싶어 하는 경향이 강해 마지막에 인터뷰를 행하기도 하지만 임원들의 관심을 유도하기 위해서는 최고 경영자 인터뷰를 먼저 하는 편이 좋을 수 있다. 최고 경영자의 의지를 전달하며 임원들의 지원 의지를 묶을 수 있기 때문이다. 이 방향이 거꾸로 되면 자칫 다양한 임원들의 의견은 들을 수 있지만 최고 경영자의 의지와 상반되는 의견이 나올 수 있는 위험이 있다.

임원 인터뷰는 그 자체만으로 조직에 영향을 미칠 수 있다. 사장이 혁신에 대한 의견을 피력하고 이를 임원 대상으로 확대하여 인터뷰를 진행하는 과정에서 직원들은 뭔가 변화가 시작될 것임을 직감하기 때문이다. 혁신 과정에서 어려움이 있거나 주요 단계마다 계층별 인터뷰가 행해질 수 있고 이러한 인터뷰는 나름 중요한 효과를 가져다줄 수 있다. 즉 관심을 집중하여 의견을 청취하는 것만으로도 어느 정도의 관심을 유도할 수 있기 때문이다.

그리고 이러한 임원 인터뷰 과정에서 변화 관리 이슈를 던짐으로써 그들의 변화 관리 경험에 대한 노하우도 얻고 변화 관리에 기대하는 바도 얻을 수 있다. 다양한 요구 사항이 있을 수 있으나 중심이 되는 기대 사항을 파악하여 활동을 집중하면 효과를 극대화할 수 있다.

변화 관리에 대한 기대는 최종적으로 기업 문화의 변화이다. 그러나 그것은 그렇게 쉬운 일이 아니기 때문에 혁신 프로젝트의 목표를 중심으로 변화 관리 활동을 전개할 필요가 있다. 가시적 성과 위주의 필수적인 활동에 집중하여 프로젝트에 기여하도록 노력해야 부족한 자원을 효과적으로 사용할 수 있다.

혁신 리더의 조건   INNOVATION TIP!!

1. 혁신 추진에서 가장 어렵고 힘든 일이 변화 관리이다. 업무 프로세스를 새로 설계한다든지, 전략을 바꾼다든지 혹은 정보 시스템을 구축하는 일은 나름 어려운 일이나 노력하면 얻을 수 있는 것들이다. 반면 사람들에 대한 변화는 노력만으로 되지 않는 일이 많다.
2. 사람들의 변화는 시간을 필요로 하고 지속적인 관심을 필요로 한다. 또 쉽게 변화되지도 않는다. 변화된 듯하지만 돌아가려는 습성도 있고 조직 전반의 조직 문화적인 측면도 강하다. 그러나 혁신을 성공시키기 위해 이 부분을 등한히 할 수 없다.
3. 따라서 단계적 접근이 필요하다. 한꺼번에 모든 것을 바꾸는 것이 아닌 리더십을 확립하고 오너십을 갖추고 혁신을 지속하면서 새로운 혁신 문화를 창출하는 장기적 관리가 필요하다. 그리고 그 단계마다 어려움을 이겨 내고 새로운 혁신 리더십 문화를 정착하리라는 의지 역시 필요하다.

03
변화 관리의 마스터플랜과 조정

혁신 프로젝트를 하다 보면 프로젝트 관리자가 여러 아이디어를 내는 경우가 있다.

"김 이사 잠깐 이리 와 봐요. 여기 타사 사례가 있는데 우리 이것 한번 해 보면 어떨까? 뉴스레터도 발행해 보면 어떨까? 우리 혁신 홈페이지는 왜 이렇게 글이 적은 거야? 이벤트를 한번 해 보는 건 어떨까?"

실로 여러 아이디어들이 쏟아진다. 프로젝트 팀원도 다양한 의견을 제시하곤 한다. 그러나 이러한 다양한 의견들 역시 꿰어야 보배가 된다. 단편적인 이벤트는 사람들에게 한 번의 충격은 줄 수 있어도 프로그램 자체의 변화를 이끌어 내기 어려울 수 있다. 시나리오가 필요하다. 그래서 여러 아이디어를 받아들이면서 프로젝트의 단계별로 그리고 이해 관계자의 상황에 적합한 지속 가능한 프로그램 제작을 고민해야 한다.

변화 관리 전략 방향은 프로젝트의 성격과 내용, 프로젝트 단계별 활동에 맞춘 조직 분위기를 고려한 이해 당사자별 활동으로 구성된다. 우선 전략적 접근을 할 필요가 있다. 현 상황에 맞게 우리의 변화 목표를 어디로 둘 것이냐를 선정할 필요가 있다. 핵심 변화 내용을 선정하고 어떻게 변화를 유도할지에 대한 접근 방법을 모색한다. 그리고 이러한 전략적 방향에 근거하여 마스터플랜을 수립한다.

주요 이해 관계자들의 현재 변화 준비도를 근간으로 변화 관리 활동 계획을 추진하게 된다. 이때 프로젝트 단계별 변화 목표가 설정되고 변화 목표에 맞는 활동을 계획하게 된다. 일반적인 변화 관리 활동으로는 커뮤니케이션과 교육이 있고 각종 이벤트 발표회 같은 활동이 있을 수 있다.

변화 관리의 핵심 요소는 프로젝트 결과 자체만이 아닌 이해 당사자별 변화에 대한 내용을 커뮤니케이션하는 데 있으며, 활동 자체보다는 이를 전달하는 메신저인 조직 내 리더의 역할이 더 중요하다. 조직의 변화 준비도가 미흡할 경우 경영층을 중심으로 변화 진척도를 제고하기 위한 노력이 필요하며 주요 활동에 참여시킴으로써 변화 진척도를 높일 수 있다.

조직원은 전사적 혁신의 중요성을 잘 이해하지 못하더라도 리더급들의 관심도에 따라 혁신에 대한 중요도 인식이 달라지며 변화된 모습에 대한 관심과 적응 노력 정도도 달라지게 된다. 적절한 변화 관리 활동은 조직이 혁신에 참여를 유도하고 조직의 협업에 의한 혁신 성공이라는 조직적 학습 효과에도 긍정적 영향을 미친다.

그러므로 조직 리더들의 참여와 지원이 빠진 변화 관리 활동은 이벤트성으로 끝날 가능성도 많으며, 전략적으로 중요하다는 메시지를 정확히 전달해야 조직원의 움직임을 유도해 낼 수 있다.

한번은 변화 관리 활동의 감사를 받은 일이 있다. 감사의 핵심은 계획한 대로 행했냐는 것이었는데, 변화 관리 활동의 핵심은 초기 계획대로 행하는 것이 아니라 사람들이 변화를 유도하도록 다양한 방법으로 지원하는 데 있다. 프로그램 개발과 같이 활동 자체의 유무와 품질만으로 그 목적을 소기에 달성할 수 없는 것이 사람에 대한 활동이다.

메시지 하나로 변화를 유도할 수도 있고 다양한 홍보를 통해야만 다소의 변화를 얻어 낼 수도 있다. 보다 융통성 있는 계획 조정이 필요하며 정기적으로 반복되어 꾸준히 행해야 하는 커뮤니케이션과 중간 중간의 이벤트성 활동 그리고 조직의 리더십을 통한 지원 등을 복합적으로 추진할 필요가 있다.

따라서 변화 관리 프로그램은 결정된 사항이 아니라 이해 당사자와 리더의 변화에 대한 관심도에 따라 변동될 수 있으며 단계별로 프로그램의 강도와 내용을 조정해야 효과적으로 대처할 수 있다. 간혹 다른 업무와 비슷하게 활동 자체만을 중심으로 프로젝트 품질 관리를 하는 경향도 있는데 이것은 잘못된 관행으로 변화 관리는 프로젝트 관리에 편입하여 활동 유무보다는 이해 관계자별 적절한 대응을 중심으로 관리되는 것이 바람직하다.

혁신 리더의 조건   INNOVATION TIP!!

1. 변화 관리는 혁신의 스폰서가 가장 적극적으로 관여해야 할 분야이다. 혁신 프로젝트 자체뿐만이 아닌 더 장기적 관점에서 조직의 혁신 문화를 만들어 가야 하기 때문이다.
2. 혁신을 통해 가장 중요하게 얻는 것은 혁신 스폰서의 리더십이다. 혁신 리더는 혁신 프로젝트 기간 단계별로 리더십을 만들어 가게 된다.
3. 혁신은 기존 업무에 추가적인 업무이므로 영향력을 가지고 접근하는 것이 효율적이다. 따라서 전략적 차원에서 인재 전략을 지원하는 것은 효과적인 방법이 된다.
4. 특히 임원에 대한 변화 관리는 매우 중요한 혁신 과정으로 리더십을 세우는 최고 경영자가 직접 변화 관리 전략 계획에 관여할 필요가 있다. 이때 인사의 지원이 있다면 더 효과적이다.
5. 혁신 리더십은 변화 관리 조직만이 아닌 바로 최고 경영자 스스로 세워야 하는 부분이므로 인사의 협조와 함께 혁신 리더십을 세우는 전략을 수립하고 진행해야 한다.

04 변화 준비도·진척도 조사

**혁신을
추진하기 앞서** 대략적인 변화 준비도 조사를 하게 된다. 혁신에 대한 이해나 관심도에서부터 시작하여 전반적인 리더십 평가와 과거 혁신에 대한 평가 등을 포함하게 된다. 당장 혁신이 필요한가에 대해 조직별로 직급별로 조사하고 이를 근간으로 변화 관리 활동을 추진하게 된다. 이후에는 주요 변화 관리 활동 이후 변화 진척도를 점검하는 형태로 이루어지며 조직의 리더에 따라 조직원의 변화 준비도가 차별화됨을 알 수 있어서 리더십 평가와 연계되기도 한다.

진척도 조사의 주요 항목은 질문서 형태로 조사되는 것이 일반적이다. 설문이라는 것이 "아" 다르고 "어" 다르게 나와서 문구를 작성하는 것도 중요하지만 설문처럼 정직한 것도 없다. 많은 경우 조직원의 진솔한 의견이 반영되어 나타나기 때문이다.

간혹 변화 준비도나 진척도 조사에 해당 조직 리더의 부정적 의견이 영향을 주는 경우가 있다. 이는 매우 심각한 부분이다. 왜냐하면 리더 한 명으로 인해 조직 전체가 영향을 받기 때문이다. 최고 경영자 입장에서 본다면 개인적 의견까지는 수용할 수 있지만 해당 조직원에게 부정적 영향을 미치는 리더를 용납하기란 쉽지 않다. 경우에 따라서는 최고 경영자로 하여금 중대한 결심을 하게 만들 수도 있다.

변화 진척도는 왜곡된 결과라고 말하는 사람도 있다. 혁신에 대하여 강조하다 보니 의도적으로 좋은 점수를 주는 것 아니냐는 것이다. 그러나 추세를 본다든지 조직별 상대 비교 혹은 직급별 차이를 보면 그러한 경향도 걸러질 수 있다. 예를 들어 혁신에 반대 목소리를 많이 내는 임원이 담당하는 조직은 타 조직에 비해 부정적 의견이 많은 경향이 있다. 또 점수 분포가 높은 점수를 보이고 있다 하더라도 직급별 차이가 극명히 나타나는 경우도 많다.

일부 주관식 문제의 경우 쓴소리를 하는 경우도 있고 전사 혁신에 대한 변화 준비도는 대부분 혁신 프로젝트 팀의 그것을 넘지 못하는 것이 일반적이다. 즉 혁신 프로젝트 팀이 아무리 이합집산이라 하더라도 나름 소명을 가졌기 때문에 변화 준비도에서 조직의 상한을 제시한다는 것이다. 그만큼 혁신 프로젝트 팀은 중요하다.

변화 준비도나 진척도에서 가장 이슈가 되는 부분 중의 하나가 경영진이나 임원진에 대한 리더십 평가이다. 어떤 경우는 경영진이 누구를 의미하느냐를 결정하기 위해 한 달이 소요되는 경우도 있고 설문 결과를 경영진에게 보이기 두려워하거나 전사 공지를 꺼리는 경우도 있다. 그만큼 리더십에 대한 평가는 매우 심각하고도 중요한 이슈 중의 하나이다.

일반적으로 경영진의 실질적인 혁신 참여가 가시적으로 보이지 않고서는 일반 임직원의 리더십에 높은 점수를 얻지 못한다. 지속적인 커뮤니케이션과 강조 그리고 중요 활동에 대한 참여와 그로 인한 중간 관리자들의 리더십 활동에 대한 언급이 연결될 때 리더십에 대해 일반 임직원이 인식하기 시작하고 기대하기 시작한다. 아주 많은 언급과 활동이 없이 간헐적으로는 인식시키기 힘들다.

따라서 최고 경영자가 혁신의 주제를 잡았을 경우 지속적이고도 주기적인 관리 행위를 보이고 이를 통해 임원들의 변화가 가시화될 때 일반 직원들도 이에 대한 기대감을 가지게 되는 것이다.

최고 경영자가 혁신 활동에 참여하여 강력한 의지를 표명하고 이를 실천하며 인사적 조치가 나타날 때 임직원은 혁신을 매우 강력한 메시지로 인식하게 된다. 따라서 혁신의 강도를 높이기 위해 프로젝트 중간에 조직 변경이나 성과 평가 체계를 변경하는 예를 다수 볼 수 있다.

변화 준비도는 초기 변화 관리 계획 수립의 밑바탕이 되며 추후 변화 진척도를 통해 모니터링된다. 따라서 변화 진척도는 각 단계의 여러 활동 결과에 대한 모니터링과 겸하여 시행되는 경우가 많다. 예를 들어 현황 분석 이후 변화 진척도는 현황 분석 설명회나 현황에 대한 인식 정도 등과 더불어 조사될 수 있고 미래 모델 설계 역시 설명회나 교육 이후 이들 활동에 대한 평가와 같이 시행될 수 있다.

변화 준비도·진척도 결과 모든 직급이 상위 점수를 받아야 하는 것은 아니다. 단계별로 진척되고 직급별 목표로 하는 수준을 통과하면 된다. 일반 직원이 모두 혁신에 대한 변화 준비도가 초기부터 높을 것이라고 기대하지 않아도 된다. 다만 프로젝트 팀이나 임원들은 높은 점수가 나와야 한다. 이것이 준비되지 않았다면 일반 임직원 중심의 활동이 아닌 리더십 활동부터 강화해야 한다. 일반적으로는 프로젝트 팀워크와 리더십을 확보한 후 일반 임직원 대상의 변화 관리 활동으로 이어지는 것이 효과적이다.

변화 준비도나 진척도 결과가 분석되면 경영층에 보고되며 결과를 토대로 향후 변화 관리 활동 계획에 반영되며, 일부 세부 이슈들을 파악하기 위해 직급별 간담회(Focus Group Interview)를 시행하여 세부 문제점을 파악하기도 한다.

설문 자체가 조직에 부담스럽고 번거로운 일이 될 수도 있으나 설문 그 자체로도 변화 관리의 홍보 활동이 될 수 있다. 따라서 프로젝트 주요 단계 단계마다 변화 진척도를 조사하고 이에 따른 변화 관리 활동 방향과 전술적 방향을 조정하는 것이 매우 중요하다.

혁신 리더의 조건 INNOVATION TIP!!

1. 변화 준비도나 진척도는 매우 중요한 지표이다. 특히 혁신 초기에는 혁신의 필요성을 임직원 모두에게 인식시키는 측면에서 매우 중요하다. 위기감을 고취해야 하며, 모두들 중요한 일로 인식해야 한다. 솔직한 답변이 나오도록 유도해야 하며, 혁신 프로젝트 팀은 조직 전반에 비하여 훨씬 높은 사명감으로 변화 준비도가 높아야 한다.
2. 특히 임원진의 경우 개인적 의견보다 전사적 의사 결정에 힘을 더하여 조직의 변화 준비도를 높이도록 해야 한다.
3. 일부 조직의 변화 준비도가 낮다면 성과 평가와 같은 방법이 아니라 커뮤니케이션의 강화를 통해 변화 준비도를 높여야 하며, 준비도 초기 점수보다 오히려 진척도를 관리하여 조직 모두가 혁신에 참여하도록 유도할 필요가 있다.
4. 리더십이나 성과 보상 등의 만족도는 단기적 활동이 아닌 중장기적인 신뢰의 부분으로 인식할 필요가 있으며, 지속적인 커뮤니케이션과 혁신 활동 참여를 통해 임직원의 신뢰를 확보해 나가야 한다.

05
혁신 마케팅 효과

연구 개발을 통해 좋은 상품을 만든 기업이 있었다. 그 상품은 매우 획기적인 것이어서 기존 방식보다 월등히 좋은 성과를 낼 것으로 기대되었다. 다만 현실성 있는 실험이 더 보강되어야 하고 사용자가 좀 더 잘 익혀야 하는 문제가 있었다. 정교한 물건이어서 잘 다루어야 효과를 발휘했다. 사장은 새로운 연구 개발품에 대한 기대감과 불안감이 교차하면서 상품의 품질을 더욱 높이려고 애를 쓰고 있었다. 그 회사에서 새롭게 만드는 물건은 여러 가지였다. 회사의 발전을 위해 추진하는 것이었으나 임직원은 기대감 반 불안감 반을 가지고 있었다. 정말 성공할 수 있을까 하는 의문이 있었던 것이다. 품질에 신경을 쓰고 문제점을 개선해 나가는 와중에 상품 출시일이 다가왔다. 더욱 더 품질 개선에 최선을 다했다.

영업 부서에서 상품을 홍보하기 위해 자금 요청을 해 왔다. 그러나 제품 개발할 비용도 부족한 가운데 홍보 비용을 마음껏 지원할 여건이 부족했다. 그래서 사장은 결심을 하였다. '제품만 잘 만들면 성공할 수 있을 것이다. 홍보를 하지 말자. 우선 제품의 품질이 중요하지 않은가?'

그러나 영업부의 생각은 달랐다. 핵심 기술은 개발되었고 이제 잘 홍보하여 많이 팔고 점차 판매 수익을 토대로 지속적으로 개선하는 것이 더 현명하다고 사장을 설득했다. 그러나 사장은 고집을 꺾지 않았다.

영업부는 전체 예산의 10퍼센트만이라도 마케팅 부문에 투자할 것으로 건의했다가 다시 5퍼센트로 낮추었다. 그러나 정작 배정받은 비용은 1퍼센트도 되지 않았다. 1퍼센트 정도는 고작 마케팅 부서의 인건비 지원을 충당하기에도 벅찬 비용이었고 여타 비용은 팀 비용을 활용할 것 그리고 최선의 노력으로 돈 들이지 않는 아이디어를 내는 것으로 지시가 하달되었다.

마케팅 부서는 너무도 허탈하였다. 회사의 사활이 걸려 있는 막중한 연구 개발품을 만들면서 마케팅 비용을 쓰지 않는 사장의 태도가 너무도 기술자적인 마인드라고 생각했다. 좀 더 경영적인 마인드를 갖추었으면 하는 마음이 간절했다. 결국 마케팅 부서는 평소에 알고 있던 기자들을 통해 상품 기사를 쓰는 데 매진할 수밖에 없었다. 최소의 비용으로 기사를 쓰는 일 이외에는 할 수 있는 일이 많지 않았다. 자사 홈페이지에 신제품을 알리고 고객이 아닌 판매점에 홍보 포스터가 아닌 이메일을 전달하는 데 그칠 수밖에 없었다.

제품은 큰 문제 없이 완성도를 높여 갔지만 정작 판매는 미진했다. 고객들이 신상품에 대해 잘 알지 못할 뿐 아니라 홍보가 제대로 되지 않아 선뜻 사려 하지 않았다. 오히려 기존 제품이 더 낫지 않으냐는 반문을 할 정도였다. 사용하기 불편하고 익숙하지 않다고 배척하는 것이었다. 빨리 신제품으로 판매가 전환되어야 다른 연관 제품도 판매할 수 있을 텐데 신제품이 오히려 천덕꾸러기가 되어 가는 듯했다.

일부 고객들이 상품의 우수성을 알고 제품을 사 주기 시작했다. 그러나 신제품이 정상적인 판매고를 올리는 데는 너무 많은 시간이 소비되고 있었고 연구 개발부 직원들 역시 상품 판매가 늘지 않아 고객이 원하는 요구 사항을 제대로 파악하지 못하고 시간만 허비하고 있었다.

혁신 업무를 수행하는 중 외부 컨설턴트가 이 사실을 파악하고 마케팅의 중요성을 강조하였다.

"제품 개발보다 더 중요한 것이 마케팅입니다. 마케팅은 상품을 잘 팔리게 만드는 것입니다. 핵심 경쟁력을 갖추었다면 마케팅에 자원을 할당해야 합니다."

사장은 그제야 판단 미스를 시인하는 듯했다. 그러나 그때에는 제품 품질이 더 중요했기에 마케팅은 전혀 신경을 쓰지 않았다는 것이다. 그러나 더 중요한 것은 마케팅의 중요성을 인식하지 못한 것뿐 아니라 최소의 자원도 할애하지 않았다는 점이다. 그저 마케팅 인력들이 알아서 홍보해 주기를 바랐을 뿐이었다.

혁신 활동도 적극적 마케팅 활동이 필요하다. 혁신이라는 대상에 대해 그 중요성을 적극적이고도 정확히 알리지 않으면 조직원은 그 중요성을 인식하지 못하고 자신의 당면 업무를 우선시하고 혁신 업무를 미뤄 놓게 된다. 현업의 업무와 긴급한 업무가 혁신 업무를 우선하게 되는 것이다. 이것은 리더들의 행동 양식에 따라 하부 조직원도 같은 우선순위로 업무를 추진할 수밖에 없다는 점을 간접적으로 나타내는 것이기도 하다.

혁신이 얼마나 중요한가를 개념적으로 인식하고 이해하는 데 그쳐서는 안 된다. 업무의 우선순위가 바뀌도록 도와야 한다. 중요한 일은 너무도 많다. 정작 중요한 것은 우선순위의 조정이다. 당장 급한 업무 우선순위를 뛰어넘어 혁신을 추진하는 것은 보통 어려운 일이 아니다. 아울러 조직 전체의 분위기가 혁신을 우선으로 생각하는 인식의 변환도 마찬가지로 필요하다. 혁신 리더십도 강화해야 하고 임직원들을 대상으로 하는 혁신 마케팅도 필요한 것이다.

이러한 혁신 마케팅은 조직 내부에서만 이루어지는 것이 아니다. 오히려 조직 외부에서, 회사를 홍보하는 선에서 진행될 필요도 있다. 대개 경영 혁신을 하기 위해서는 많은 투자가 있을 수 있다. 그러기 위해 주요 주주들을 설득해야 한다. 또 일반 주주들 역시 혁신의 성공에 대해 관심이 많다. 따라서 혁신의 전략적 중요성과 성공 가능성을 외부에 알리는 일은 회사의 가치를 높이는 데도 많은 기여를 한다.

실제로 경영 혁신의 결과 회사의 가치가 올라가는 것을 볼 수 있으며, 이를 보다 적극적으로 관리하기 위해서는 혁신의 대내외 마케팅이 무엇보다 절실함을 알 수 있다.

혁신 리더의 조건   INNOVATION TIP!!

1. 혁신을 추진할 때는 대내외 홍보 비용에 대한 예산 대비 편성이 필요하다.
2. 제품을 잘 팔려면 잘 만드는 것보다 마케팅이 더 중요한 것처럼 혁신이 성공하려면 혁신의 대상이 되는 조직 구조나 인사 체계, 전략 업무 프로세스나 정보 시스템 등을 잘 설계하여 완성하는 것보다 홍보 마케팅을 어떻게 하느냐가 더 중요하다.
3. 가장 중요한 것은 제품을 사용할 사용자에게 제품을 잘 홍보하고 인식시키며 우선순위를 바꾸고 변화를 수용하여 행동하게 만드는 혁신 마케팅이다.
4. 이러한 활동을 위해 일정 비율의 예산을 할당하고 관리해야 한다.

06 이해 관계자 설득을 위한 커뮤니케이션 계획

설득하기
용이하지 않은 대상을 적극적으로 설득하기 위해서는 일정 계획이 필요하다. 듣는 사람이 생각할 여유를 갖고 판단을 내릴 수 있도록 배려해야 하기 때문이다. 아울러 이야기가 잘 이해되도록 스토리를 만들어 갈 필요가 있다. 사람들은 내용을 들어도 처음에는 단편적인 인식에 머무를 경우가 많다. 여기서 좀 더 나아가 정보를 더 알게 되고 나중에는 전체적인 이해를 하게 된다. 이해가 된다고 모두 변화하는 것은 아니다. 공감이 강화되면서 이제 스스로 뭔가 시도하려는 행동을 하는 단계까지 가려면 좀 더 강력한 설득이 필요하다.

또 행동을 시도한 사람들 모두가 적극적으로 행동하는 것은 아니기에 행동하려 하는 사람들에게 보다 실질적인 행동을 도울 사례나 체계적인 방법론을 제시해 줄 필요가 있으며 중간 중간의 어려움을 극복할 팁도 제공해 주어야 한다. 또 낙오자가 생기면 도울 만한 지원자가 필요하고 필수 불가결한 변화로 인식시키고 지속적으로 변화를 따라오도록 독려해야 한다.

또 행동에 성공한 사람들은 타인에게 영향력을 발휘하도록 할 필요가 있다. 타인도 그렇게 행동하도록 리더십을 발휘하는 것은 전체적인 변화에 매우 효과적인 방법이기 때문이다. 관리는 관리 자체로 머물러서는 안 되며 지원의 행위로 바뀌어야 한다. 기존의 방식과 다른 새로운 방식을 창조해 내고 응용하여 처음 가졌던 취지가 더욱 발전하도록 해야 한다. 행동을 시도한 일부에서 이러한 창조적 행위가 발견되면 이를 표준적 잣대로 통제할 것이 아니라 잘 선별하여 더욱더 발전시켜 롤 모델로 만드는 것이 바람직하다. 이러한 변화는 모든 조직원에게 나타나는 전 과정은 아니지만 변화의 동인이 되기에 충분하다.

일반 임직원 혹은 중간 관리자 임원층의 변화의 목표 수준은 다르며, 전체적인 변화를 위한 일반적인 홍보를 지속적으로 실시하여 변화의 당위성이 각인되도록 해야 한다.

이렇듯 혁신의 변화 분위기를 만들기 위해서는 이해 당사자별 현황을 분석하고 커뮤니케이션 계획을 수립하는 것이 좋다. 커뮤니케이션 계획은 단계별 이해 당사자를 설득하고 이해시키기 위한 홍보 계획이라 할 수 있다. 커뮤니케이션은 발송자, 수신자, 메시지, 시기, 매체 등의 카테고리로 묶이며, 이해 당사자의 이해 정도와 혁신 활동 참여 정도에 따라 그 횟수나 주기가 조정될 수 있다.

홍보 효과를 강화하기 위해 이전에 없던 홍보 매체를 새로 신설하기도 하고 회의체를 만들기도 한다. 그러나 우선 기존에 정립된 커뮤니케이션 채널을 십분 활용하면서 그 효과를 높이고 추가로 매체를 신설·보완하여 사용할 수 있다.

> ### 혁신 리더의 조건　　　　　　　　　　　　INNOVATION TIP!!
>
> 1. 임직원을 대상으로 하는 홍보는 매우 중요한 변화 관리 활동이다. 다수를 대상으로 하기에 자원이 많이 소요되나 인식을 변화·유지·강화시키기 위해서는 필수적인 활동이다.
> 2. 리더십을 통해 커뮤니케이션을 강화하고 오너십 활동 등을 통해 자발적인 인식 강화를 촉진한다면 그 효과는 더욱 배가될 수 있다.
> 3. 전사적인 혁신을 추진하고 조직 모든 성원의 참여가 중요하기 때문에 커뮤니케이션 계획을 주기적으로 업데이트하여 조직원의 참여와 협업을 유도해야 한다.
> 4. 쌍방향 커뮤니케이션을 통해 서로의 의견이 공감되는 것을 느끼게 할 필요가 있으나 이는 어디까지나 혁신의 본질을 벗어나지 않는 범위에서 가이드해야 한다.
> 5. 간혹 혁신이 범위를 넘어서거나 너무 무리한 요구가 제시되기도 한다. 이때에는 그 의견을 수렴하되 우선순위별로 정리하여 지속적인 개선 요소로 관리하는 것을 보이는 것만으로도 좋은 쌍방향 커뮤니케이션이 될 수 있고 혁신의 핵심을 이해하는 데도 상호 도움을 줄 수 있다.

07 혁신을 위한 혁신 프로젝트 관리

중병에 걸린 환자를 치료하는 의사는 약간씩 시간을 두어 가며 수술을 여러 번 하는 경우가 있다. 한꺼번에 다 하기에는 환자에게 부담이 많이 가고 위험해질 수 있기 때문이다. 첫 번째 수술 결과를 보면서 두 번째 수술을 준비해야 한다. 한꺼번에 여러 수술을 하는 것은 극단적인 경우를 제외하고는 배제해야 한다.

혁신을 많이 하면 좋을까? 그것은 기초 역량에 달려 있다. 기초 체력이 되는 회사는 여러 수술을 같이 받을 수 있지만 그렇지 않은 경우 혹은 수술로 인한 부담이 큰 경우는 당연히 나누어 혁신하는 것이 좋다. 다만 중병이라 한다면 어쩔 수 없을 수도 있다. 그러나 되도록 단계별로 수술을 하는 것이 좋을 것이다.

회사를 혁신하기 위해 여러 혁신 프로젝트를 수행하다 보면 여러 혁신 프로젝트가 동시에 진행되는 경우, 조직원의 피로도가 극에 달아 있는 경우가 많다. 중복된 인터뷰에 늘 다른 이슈로 새로운 각도로 동일한 질문들이 관리자들에게 던져지기 때문에 새로운 개념에 대한 이해도 필요할 뿐 아니라 잘못 이야기했다가는 사장 보고서에 첨부되는 까닭에 주의를 기울일 수밖에 없고 스트레스를 받게 된다. 혁신 프로젝트 팀 저마다의 활동 역시 전사 타 조직과 비교되는 까닭에 활동 참석에도 신경을 쓸 수밖에 없다.

따라서 한 회사에서 여러 개의 프로젝트를 진행하려 하면 이들을 보다 효율적으로 관리해야 할 필요성을 느끼게 된다. 되도록 인터뷰를 몰아서 같이 진행하는 것이 좋고 전사 활동 역시 현업의 업무 부담을 줄이기 위해 조율하는 것이 좋다. 또 프로젝트 팀원 선발 역시 파워 게임이 아닌 전사적 관점에서 인력을 효율적으로 배치하는 것이 좋다.

프로젝트를 각 부서별 개별적인 이해관계로 추진하는 것이 아닌 전사 관점의 전사 전략에 근거하여 순차적으로 진행하여, 프로젝트가 중복하여 진행되지 않도록 전체 혁신 프로그램의 마스터플랜을 관리할 필요도 있다. 이처럼 여러 프로젝트를 하나의 프로그램으로 묶어서 관리할 필요성이 있으며 혁신이 장기화된다면 전사 혁신 조직이 이를 총체적으로 관리·조율해야 회사 자원을 보다 효율적으로 활용하고 효과도 높일 수 있다.

그러나 현실에서는 일반적인 혁신 조직은 있으나 전사 혁신을 리드하지 못하는 경우도 많다. 혁신에 필요한 자원을 효율적으로 관리하지 못하고 기획 기능을 갖추지 못하는 경우 상황은 심각해진다. 혁신을 지속화하기 위해서는 혁신을 장기적 관점에서 기획해야 한다.

　가장 바람직한 방향은 혁신을 전략적 관점에서 순차적이고 체계적으로 진행하는 것이다. 예를 들어 보면 전사 전략을 먼저 점검하여 중장기 계획을 수립하고 그 계획을 토대로 혁신 프로그램을 수립하는 것이다. 그 프로그램 내에 여러 혁신 프로젝트들이 들어 있고 혁신 프로젝트들을 초기 마스터플랜에 맞추어 순차적으로 진행해 나가는 것이다. 이를 통해 혁신의 전체적인 인력 계획이나 자금 계획·성과 계획을 수립하여 진행해 나갈 필요가 있다.

　혁신 또한 회사의 장기 성장 전략의 일환으로 투입되어 정규 업무로 체계화될 수 있다. 혁신이 남발되다 보면 피로도만 쌓이고 성과가 제대로 관리되지 못하고 여러 테스크포스 조직만 남발될 소지도 없지 않다. 프로젝트에 늘 참여하는 인력 역시 피로도가 쌓여 창의적 아이디어를 내놓지 못할 경우도 있다.

　혁신 역시 전체 전략을 가지고 자원을 효율적으로 관리할 때 더욱 성과를 낼 수 있게 된다. 이러한 중장기적 전사 혁신 관리는 무엇보다 혁신의 성과를 잘 관리할 수 있도록 유도되어야 성과를 바탕으로 조직이 혁신에 지치지 않고 장기 레이스를 펼칠 수 있다.

혁신 리더의 조건   INNOVATION TIP!!

1. 혁신을 하다 보면 이것저것 해야 할 일이 쌓이게 마련이다. 고칠 곳이 한두 군데가 아니다. 그러나 모든 것이 순서가 있듯 혁신도 너무 남발하면 조직의 피로도가 한계를 넘어 비효율을 낳는 경우가 많다.
2. 회사 전략과 비전을 정비하고 단계별로 진행하되 성공 확률을 높여 조직원이 혁신에 대한 신뢰를 가지도록 하는 것이 중요하다.
3. 특히 단기 혁신으로 끝나지 않고 지속적으로 혁신을 추진하기 위해서는 혁신도 우선순위별 조절이 필요하다. 초기에는 혁신을 하면 성과가 향상되고, 회사와 더불어 개인도 발전한다는 믿음이 필요하다. 그러한 믿음이 추후 지속될 프로젝트를 더욱 성공하게 만든다.
4. 따라서 초기 프로젝트 관리에 세심한 배려가 필요하다. 그리고 단계적인 확대를 위한 혁신 프로그램 기획 기능도 같이 발전되어야 한다.

08 혁신과 인사의 역할

혁신이 효과적으로 조직에 체화되기 위해서는 리더십과 인사의 도움이 절대적으로 필요하다. 흔히 인사가 빠진 채 혁신 업무가 진행되는 경우가 많은데 진정 조직을 변화시키기 위해서는 전략적으로 인사가 개입되어야 효율적인 변화 관리를 수행할 수 있다. 최고 경영자의 리더십이 벽에 부딪쳤을 경우에도 세부적 인사권을 가진 인사의 세부 조율이 중요하다. 리더십을 새로 만드는 혁신 과정에서 인사는 새로운 리더십 스타일을 만들고 조직화하는 데 힘을 더할 수 있다.

혁신 프로젝트 팀을 조직하고 우수한 인재를 차출하는 문제에서부터 외부 컨설턴트를 선택하고 프로젝트 팀원을 양성하고 일반 임직원을 교육·홍보하는 일에까지, 사실 인사 업무의 많은 전략 과제들이 혁신 업무와 묶여 있다.

일반적인 혁신 관련 인사 지원 이슈들을 나열하면 아래와 같다.

첫째, 혁신 프로젝트 초기 최고 경영자의 혁신 리더십은 시험대에 오르게 된다. 임원진 모두가 항상 찬성하는 것은 아니기 때문이다. 올바른 논의 과정이 있어야 하겠지만 논의 과정에서 발생하는 반대 의견이 논의가 끝나기 전에 조직 하부로 영향을 미친다면 이는 통제되어야 한다. 선입견을 줄 수 있기 때문이다. 혁신이 진행되는 과정에서도 혁신 리더십을 구축하는 데 인사의 역할은 중요하다. 임원들과 커뮤니케이션하는 중재 역할을 수행할 수 있고 최고 경영자의 리더십 스타일에 도움을 줄 수도 있다.

혁신 초기뿐만 아니라 혁신 리더십은 프로젝트 전반에 걸쳐 영향을 미친다. 현황 분석 기간에도 문제점을 발췌하는 과정에서 임원진의 거부감이 극에 달할 수 있다. 경우에 따라서는 치부가 드러날 수도 있고 엄청난 어려움을 겪을 수도 있다. 그 과정에서 인사는 회사의 발전을 위한 것이지 한 개인의 문제점을 파헤치기 위한 것이 아님을 알려야 하며, 세부 의사소통 채널이 된다. 또한 기존의 잘못된 관행을 이번 기회에 바로잡기 위해 오히려 더욱더 노력해 줄 것을 요청할 수도 있어야 한다.

흔히 미래 모습을 결정하고 변화를 추진할 때 담당 책임 임원을 선정한다. 그러나 임원이 명목상 선정되었을 뿐 관리가 되지 않는 경우가 허다하다. 이름뿐인 혁신 리더인 셈이다. 인사는 회사의 리더인 임원들이 혁신의 리더로 역할을 제대로 수행하도록 격려하고 지원하는 역할을 수행할 필요가 있다. 가장 좋은 것은 임원들의 인사 고과에 혁신 리더십을 포함시키는 것이다. 그리고 정기적인 혁신 리더십 교육을 통해 해야 할 역할과 성과 등을 모니터링하고 지원해 줄 필요가 있다.

둘째, 혁신 프로젝트 팀을 구성하도록 지원할 수 있다. 인력의 선발뿐만 아니라 혁신 프로젝트 진행 과정에서 인력을 양성하고 또 혁신 이후 배치나 사후 경력 관리에까지 인사의 역할은 매우 중요하다. 아울러 외부 인력인 컨설턴트의 선발과 이들과의 협업이나 역할 관계 등을 조율하는 일은 전문가의 손을 필요로 한다.

우수한 외부 컨설턴트의 선발은 프로젝트 관리자로서는 매우 부담스러운 일 중의 하나이다. 전문가를 적절히 판단하기 쉽지 않기 때문이다. 또 사내의 우수한 인력을 프로젝트 팀에 영입하는 것도 매우 중요한 일이나 어려움이 많은 것이 사실이다. 인사의 도움은 이런 면에서 절대적으로 중요하다. 프로젝트 업무를 관리하는 데에 집중하기도 시간이 부족한데 프로젝트 팀원의 인사적 이슈들을 세심하게 관리하지 못하는 것 역시 큰 부담이다. 그러나 프로젝트의 성과는 프로젝트 팀원에 의해 결정되는 면이 많으므로 이러한 부분에 대해서 특별히 배려하는 것이 매우 중요하다.

셋째, 조직의 관리자들에게 혁신의 역할을 잘 수행하도록 독려하는 역할을 한다. 인사는 인사 평가의 기능을 수행하기 때문에 대개 실질적인 파워를 가진다. 관리자들이 본업에 중심을 두어 혁신 업무를 등한히 할 경우 인사가 이를 독려할 수 있으며 적절한 평가 도구를 만들어 활용할 수도 있다.

혁신 과정의 여러 이벤트 행사에서도 프로젝트 팀이 행사를 주관

할 수 있지만 인사가 개입하여 도움을 주면 참석률을 훨씬 높일 수 있다. 혁신 업무를 지원할 때도 인사의 힘은 막강하다. 관리자들을 독려하는 데 인사만큼 영향을 미치는 부분은 없기 때문이다.

넷째, 조직의 오피니언 리더들을 파악하고 활용할 수 있다. 혁신에 적극적이고 열정을 표현하는 인력을 차출하고 이들을 양성하고 이들을 통해 조직의 분위기를 바꿀 수 있기 때문에 이들을 중심으로 인사에서 전반적인 조직 분위기를 파악하고 관리할 수 있다. 이들을 선발·관리하는 역할 역시 인사에서 지원할 중요한 역할이다.

혁신 리더 그룹을 별도로 운영하는 것은 생각만큼 성공 확률이 높지 않다. 별도 부수직으로 임명하고 워크숍 몇 번 하는 것으로 그들을 움직이게 할 동인이 부족하기 때문이다. 포상을 하고 발표회를 하고 동기를 부여해 주는 것 이외에 가장 중요한 영향 요인 역시 인사 부서의 개입이다. 고과에 영향을 미칠 수 있기 때문이다. 핵심 인력을 사전 발굴하고 관리하는 측면에서 인사의 지원은 효과적으로 업무를 수행할 수 있도록 만든다.

다섯째, 일반 임직원을 대상으로 한 변화 관리 교육이 다양히 이루어지는데 이때도 인사의 힘이 효과적으로 작용한다. 전사 임직원의 변화 모습을 인사에서 알 필요가 있으며 적절한 사전·사후 역량 개발도 지원할 수 있다. 아울러 교육 참여 등을 고과에 반영하는 것 역시 인사에서 지원해야 할 일이다. 또 새로운 혁신 이후의 변화된 조직에 어떠한 역량이 필요한지를 사전에 파악하고 이를 개발하도록 준비할 필요가 있다. 더불어 조직 문화의 변화나 지속적인 혁신 문화의 발전을 위해서도 인사의 도움이 필요하다.

> **혁신 리더의 조건**   INNOVATION TIP!!
>
> 1. 혁신에서 인사 담당자는 매우 중요한 혁신 참모 역할을 수행할 수 있다.
> 2. 조직의 반응을 모니터링할 수 있고 최고 경영자의 수명 업무를 수행할 수 있다.
> 3. 특히 리더십의 경우 임원들을 대상으로 하는 민감한 사항을 프로젝트 팀에게만 맡길 수 없는 경우가 있다.
> 4. 성과 평가 역시 보상과 연관되므로 더더욱 그렇다. 인력과 관련된 사항은 매우 민감하고도 중요하므로 인사를 전략적으로 혁신에 활용하는 것은 실질적인 사람에 의한 변화를 추진하는 데 큰 역할을 한다.

09 변화 관리의 전술적 활용

혁신 성공을 위한 변화 관리 활동은 프로젝트 단계에 따라 움직이는 정해진 활동이라기보다는 조직의 분위기에 따라 융통성 있게 활동해야 하는 가변적 활동이다. 간혹 계획한 대로 추진하지 못했다고 감사를 받는 경우가 있는데, 변화 관리를 계획과 실천의 감사 대상으로 선정하는 것은 잘못된 일이다. 의사가 진료를 행하면서 계획대로 실행하지 않아 지적을 받는 것이 아니라 사태의 심각성에 따라 진료를 변경할 수 있듯이 변화 관리 역시 조직 대상의 변화 정도에 따라 전략적 판단으로 변화 관리 활동을 변경·관리할 수 있어야 한다.

때로는 계획보다 소극적으로, 때로는 보다 적극적으로 그리고 구체화되지 않은 커뮤니케이션에 많은 시간을 할애해야 하는 것이 변화 관리 활동이다. 특히 리더십 영역과 인사가 개입한 부분에서의 변화 관리 활동은 기밀 사항이 많고 공개할 수 없는 부분이 있으므로 이를 감사의 대상으로 삼는 것은 바람직하지 않은 경우가 많다.

이렇듯 변화 관리는 상황에 맞추어 관리된다. 리더십이 확보되지 못할 경우, 혹은 프로젝트 팀 역량이 확보되지 않은 상황에서 일반 임직원 대상의 변화 관리 활동은 효과가 반감되는 경우가 많다. 또 혁신의 메시지가 부족한 상황에서 이벤트 활동만 많이 진행한다고 효과를 거두는 것도 아니다. 그러므로 변화 관리 활동은 변화 상황을 정기적으로 점검하고 활동의 강도나 내용을 조정하여야 한다.

따라서 변화 진척도 조사나 직급별 인터뷰 등의 활동을 토대로 변화 관리 활동 계획을 업데이트해 가며 진행하는 것이 좋다. 특히 자원이 넉넉지 않은 경우 핵심 활동에 집중해야 하므로 효율적인 활동 전개도 필요하다.

프로젝트의 성격에 따라 리더십이 처음부터 끝까지 중대한 이슈인 프로젝트가 있는 반면, 프로젝트 팀의 역량 개발 및 육성이 중요한 프로젝트도 있다. 또 일반 임직원을 교육하고 이해시키는 과정이 주된 경우도 있다. 이들은 최고 경영자의 관심도나 프로젝트의 성격 등으로 인해 달라질 수 있고 조직의 성격이나 분위기에 따라 좌우되기도 한다.

따라서 전반적인 접근 방식을 전략적으로 구성하되 융통성 있는 변화 관리 활동 조절이 필요하다. 시기적절한 변화 준비도 및 진척도 조사를 토대로 지속적으로 혁신 참여를 유도할 뿐만 아니라 시기가 도래했으므로 활동을 하는 것이 아닌 대상자들의 변화 진척도에 따라 강도와 주기 내용 등을 유동적으로 적용할 수 있어야 한다.

혁신 리더의 조건   INNOVATION TIP!!

1. 변화 관리는 프로젝트 팀의 부수적인 활동이 아닌 어찌 보면 최고 경영자가 주도하는 조직 문화 혁신 활동이어야 한다.
2. 조직의 분위기를 살피고 변화 진척도를 점검하고 직접 변화 관리 활동에 참여해야 한다.
3. 혁신을 시작할 때부터 인사와 더불어 변화 관리 활동을 진두지휘 할 필요가 있다.
4. 프로젝트 관리자는 아무래도 혁신의 결과물에 집중할 수밖에 없으므로 변화 관리는 전사적 변화를 관리하는 측면에서 최고 경영자가 직접 관리하고 점검할 필요가 있으며 상황별로 다른 프로그램을 개발하고 수행할 수 있어야 한다.

에필로그

변화 관리에 대해 아직도 아는 것보다 모르는 것이 더 많다. 변화 관리에 대한 개념부터 다양하고, 내가 생각하는 변화 관리가 남들이 생각하는 변화 관리와 다르다고 해서 이상하지도 않다. 아직 더 학문적 연구도 필요하고 증명도 필요하지만 급히 집필을 시작한 이유는 변화 관리에 대한 실무 도서가 많이 부족하다고 느꼈기 때문이다. 수많은 시행착오도 있었고 여전히 성공을 보장할 수 없는 영역이 변화 관리이고 현실의 프로젝트에서 불명확한 영역이 이 분야이다.

그러나 여전히 부족한데도 쓰기를 주저하지 않은 것은 일종의 사명감 같은 것이 작용했기 때문이다. 내가 쓰지 않으면 누군가 쓰기까지 많은 시간이 흘러갈 것이고 내가 이 영역에서 고민했던 흔적들에 대한 나름의 가치를 상실할 것 같은 불안감이 든 탓이었다. 후배 컨설턴트들에게 늘 이야기하는 "고민의 흔적"을 조금이라도 남기기 위해 시작한 일이지만 원고를 쓰는 일과 마무리하는 일 그리고 출판하는 일은 여전히 쉬운 일은 아닌 듯싶다.

에세이 형식으로 쓴 '깡통 시나리오'와 '베팅 시나리오'는 처음에는 소설 형식을 빌려 쓰다가 작문 실력의 한계로 실무적 기술로 돌아섰다. 오히려 그 편이 내 마음을 보다 솔직히 전할 수 있다고 판단되었기 때문이다.

아직은 미흡한 경험과 흔하지 않은 분야의 경험 덕택에 이렇게 책이라는 형태의 결과물을 시도하고 남길 수 있게 되어 다행스럽게 생각한다.

이 책을 통해 변화 관리의 실무적 진행에 도움이 되기를 바라고 또한 더 많은 연구가 이어지기를 바란다. 부족한 글을 읽어 주고 격려를 아끼지 않은 선후배 컨설턴트분들께 심심한 감사 말씀을 전하면서 다음 집필에는 좀 더 다양한 내용으로 꾸며 볼 것을 다짐한다.

혁신 리더의 6가지 전략

초판 제1쇄 인쇄 · 2010년 1월 20일 | 초판 제1쇄 발행 · 2010년 1월 25일
지은이 · 김승기 | 펴낸이 · 정지영 | 펴낸곳 · (주)을유문화사
창립일 · 1945. 12. 1. | 주소 · 서울특별시 종로구 수송동 46-1
전화 · 734-3515, 733-8153 | FAX · 732-9154 | E-Mail · eulyoo@chol.com
ISBN 978-89-324-7157-0 03320 | 값 12,000원

• 지은이와의 협의하에 인지를 붙이지 않습니다.